AF190391

IGAZ UTAKON...

HALÁSZ GÁBOR
versei

© 2018 ZSI

Umschlagentwurf & Layout ZSI

Herstellung und Verlag

BoD – Books on Demad, Norderstedt

ISBN 978-3-7460-5530-5

MOTTO ;

Nem azért születtem,

hogy szép szavakat gyártsak;

hanem, hogy felnyissam szemét

a vakká lett világnak.

H.G.

HALÁSZ GÁBOR
VERSEI

BEMUTATKOZÁS

HALÁSZ GÁBOR születtem Mezőturon 1918. December 21-én. 1931 óta Budapesten élek. Apám 1928-ban meghalt, négy kis árvát hagyott maga után.

1933-1937-ig kárpitos szakmát tanultam és a szakmámban dolgoztam 1940-ig, amikor is behívtak katonának. 1942-re szakaszvezetöi rendfokozatot értem el és továbbszolgálatot vállaltam. 1943-ban hivatásos számvivö /G.H./ tanfolyamot végeztem, ami után gazdasági hivatalban kaptam beosztást.
Versírással már 1940-töl foglalkoztam, azonban a háborus hangulat nem kedvezett lirámnak. 1944 április havában hadmüveleti alakulathoz nyertem beosztást mint vezetö számvivö. Itt 1945 március 31-ig tevénykedtem. Ekkor utolért Szentgotthardnál a Szovjet hadsereg. 12 napi gyaloglás után Budapestre érkeztem és jelenkeztem az uj demokratikus hadseregbe ahol a Honvédelmi Minisztériumba kaptam beosztást mint számvivö. 1945-ben elöléptettek örmesterré. 1946 szeptember 1-vel innen B.listáztak az 5000/1946.M.E.sz.rendelet alapján. Jutalmul, hogy máfél évet dolgoztam fizetés nélkül a demokratikus hadseregben. A B.Listázás után a helykeresés kora, a bizonytalan megélhetés kora következett.

1946-ban megnősültem, a házasságból két gyermekem, három unokám és egy dédunokám származott. A házasságom után Budaörsre költöztünk és itt kaptam állást az Elöljáróságon, mint adóellenőr, 1949-ig, a Tanácsok megalakulásáig. 1950-51-ig OSZH-nál könyvelő. 1953-ban a Pestmegyei Terményforgalmi Vállalatnál helyezkedtem el. Itt Szakszervezeti Bizottsági taggá választottak.

1956 oktober 25-én a Forradalmi Bizottság tagjává választottak, ennek következményeként 1957 márciusában az állásomból elbocsájtottak. Elhelyezkedni nem tudtam, mert mindig utánnam nyultak. 1957-ben ipart váltottam és 1983-ig ezt folytattam. Közben irogattam verseket. Malom és Sütöipari Technikumot végeztem, de mint technikus soha nem dolgozhattam. Jelenleg nyugdijjasként Pesten élek az események folyamataként, szerényen gondolataimat néha-néha papirra vetve.

Halász Gábor

TARTALOM JEGYZÉK

1. A vers
2. Látomás
3. Szerelem...
4. Tehozzád
5. O nemzetem
6. Régi aratás
7. Megtérés
8. Utolsó hazaáruló
9. Kérésem
10. Emberek !
11. Ló álom
12. Megmondom
13. Láz álmok
14. Lányka
15. Jöjj
16. Tavaszi ébredés
17. Szabad-e ?
18. Megújhodás
19. Csönd...
20. Minden bájnak !
21. Az embert...
22. Legszebb dolgom
23. Elemberedtünk
24. Alap
25. Mea culpa
26. Hitre dobott
27. Az lehet
28. Tél
29. Helyreigazitás
30. A hazát
31. Szabadúszók
32. Dicsérgetések
33. Tanitok
34. Bartok
35. Lehet, hogy
36. Barátaim
37. Ha te
38. A mester
39. Erö
40. Tán
41. Nincs már
42. Az idö fut
43. Csillag fény
44. Önállóság
45. Igy
46. Alkonyodo
47. Figyelmeztetés
48. Gondolatok
49. Icukám /feleségem/
50. Igehirdetök
51. Ifjuság
52. Öregkor
53. Egymásmellett
54. Szerelem
55 Új müvészet
56. Ölelkezés
57. Remény
58. Merengés
59. Fel a tetöre
60. Megrendelésre
61. Tudom én
62. Afrika...Afrika

63.Karácsonyi istentemetés
64.Osztályuralom
65.Magyar cédrusz
66.Az én jajgatásom
67.Haladás
68.Birálat
69.Borongás
70.Értékmérö
71.Vélemény
72.Vágy
73.Nem
74.A termelés
75.Álom
76.Hová lett
77.Alkotók
78.Múló évek
79.Ha tudnám
80.Szocializmusért
81.Szerelem
82.Ami kellett
83.Ha egyszer
84.Ez az ország
85.A sziv
86.Névtelenek
87.Ha beszélni
88.Elmélázás
89.A szédités
90.Az éden
91.Többek között
92.Légy undor
93.Ti
94.Ki az úr ?

95.Találkozás
96.Felnövünk
97.Sötét van
98.Az okos majom
99.Nem hiszem
100.Emese
101.Nyissátok ki
102.Az erkölcs
103.Mire mutat
104.Én nem
105.Meddig
106.Ha létezni akarsz
107.Emlékezés
108.Búbánat
109.Elöre szaladtam
110.Most
111.A fejesek
112.Csak úgy
113.Higyjétek el
114.A szép
115.Talán
116.Miért
117.Mindig
118.Volt
119.Fohász
120.Megáldom
121.Valakinek
122.Szabadság
123.Kapuk
124.Voltam
125.Minállunk
126.Új gazdag

127.Majd akkor
128.Trombita
129.Szerelem-házasság
130.Azokat
131.Kalmár lelkü
132.Ami itt
133.Ez az ország
134.Valami szépet
135.Dac
136.Az óriás
137.Életfutam
138.Veled
139.Az ember értéke !
140.Ki tudja
141.Mikor
142.Hazugságok
143.Petöfihez
144.Amikor
145.Kétségek
146.Ide figyeljetek
147.Olykor
148.Új gazdagok
149.Megújulás
150.Hatások
151.Kérdések
152.Magyar lélek
153.Múló évek
154.Magyar sors
155.Álmokat
156.Itélet
157.Vannak
158.Amikor

159.Van hitem
160.Bátran
161.Új burzsujok
162.Új hittel
163.Az a szabadság
164.Harácsolók
165.A csókung
166.Engem
167.Mindig
168.A kutyák
169.Az vagyok
170.Szabadnak lenni
171.Oh
172.Szilánkok
173.Csoda csüng
174.Talán
175.Osztálytudat
176.Hallgatás
177.Keresem
178.Ilyen ország
179.Annabál 1986
180.Mit ér
181.O ember
182.Mea culpa
183.Emlékszel
184.Nem szabad
185.Nem mindegy
186.Munkamegosztás
187.Kéz és lapát
188.Körbe
189.Ez a világ
190.Úriemberek

191. Igazság
192. Ám hulljon
193. Europa
194. Vannak akik
195. Uj jövendö
197. Ha mérni
198. Ha már
199. Álomba
200. Indulatok
201. Csak borzolják
202. Hitünk
203. Királyok
204. Hová
205. Tudod
206. Nem azért
207. A háboru
208. Tartod-e
209. Nem várni
210. Értékek
211. Ebben
212. Titkos félelem
213. Nem nevet
214. Oly ostobák
215. A szó hatalma
216. Az örök forradalom
217. Az érdek
218. O Mária
219. Mi a mérce
220. Hitetlenül
221. Az a kor
222. Jön-e
223. Europa

224. O, a játék
225. Bizalom
226. Genf, 1985 !
227. Odisszea
228. Már akkor
229. Miért van
230. Párizs
231. Kedvesem
232. Egy hazába
233. A körbe
234. Nemzeti fohász
235. Hittel
236. Elhazudtuk
237. Akkor 56-ban
238. A kert
239. Amikor
240. Volt egy világ
241. Szocialista vagyok
242. Mindenki
243. Lenni
244. Egyszer csak
245. Tanulom
246. Elindult a nép
247. Álomfejtés
248. Jön az ösz
249. Jönnek
250. Mintha
251. Holnap
252. Ebben a ...
253. Édes hazám
254. Hogyha

255.Magyarország 1991 január
256.Nem megyek
257.Van egy
258.Ocsmányok
259.A hó
260.Fohász
261.Maléter
262.Megbocsájtás
263.Levonult
264.Pusztán
265.Ha fajtád
266.Sz,-izmus
267.Figyelni 1989
268.Ki a magyar
269.Ébredünk
270.Valami
271.Hogy az
272.Szerelem
273.Nagyon régi ima
274.Nemzeti fohász !
275.Igy van
276.Haladás
277.Már
278.Kettesben
279.CSoda csüng
280.Elmerengés
281.Harztéri harcos költeménye
282.Szegény Ady
283.Aratnak
284.Hogyha

1. A VERS

Miként a gyümölcs érik a fán,
Ugy terem a vers, a gondolat fonalán.

Száll, szárnyal s áttör mindenen,
Akadályt nem ismer, nincs benne félelem.

Öszinte valóság, a tiszta sziv szava,
Az iróban összegyült érzések dallama.

S mint a bösz orkán törni, zúzni képes,
Vagy elcsititja háborgó szeszélyed.

Lágy hangja meleget, kedvességet árasszt,
Ha sokat olvasod, elszáll bú és bánat.

Eltüntet csüggedést harci kedvet támaszt,
A hazaszeretet és imádság áthat.

Olvasd a verset, szivd be minden sorát,
Mert minden egyes vers, egy-egy lélekbe lát.

A lélek az ember fényes koronája,
Ki elhagyja lelkét, kevés fény száll rája.

2. LÁTOMÁS

Röpke szellök szárnyán, veled enyelgék a hold tövén,
És csókot hint ajkam neked, szivem heves tüzén,
S míg mámorban fürdik, tengernyi szerelmünk,
A holdtányér lágyan, beborul felettünk.

Álomba ringatva száll szivünk szárnyán a csók.
S egymásnak susogung, százfelé bókot.
Mézédes ajak nedüje, tavaszi harmat,
Mámortól fáradtan, a hold is elballag.

1942.V.2

3. SZERELEM...

Most szivemben ifju hangokat zeng az élet.
Szemeben uj fények csillaga remeg.
Mámoromban kábultan, fekve hallgatok,
Hozsanna néked szerelem, érted eldobom én,
Uj hangra ébredek, mi régen még nem zavart.
Most a valómba kábult szinek ujra fénylenek,
Belöle szárnyra kapva, ujjult erövel felkelek én.
Mint kalitkábazárt rab madár, ki most szabad,
Vágyaimmal száguldani még a képzelet sem ér.
Valoban boldog vagyok, kérdezem: hol ez a pillanat,
Hol vágyaim fáradalmain, lepihenni szabad?
Ó nem! Megállni nem szabad, eloson minden szép.
Utánna ujra hétköznapi közönnyel leshetem magam.
Hiába kapkodom, a gyenge szál, mely tartott
elszakadt.
Számomra meghal minden remény, mely eddig jö,
Nem! Nem tünhet el a mámor, számomra élet ö!
Nélküle testem nem más mint értetlen hustömeg
Szemem a szinek gyönyörüségét, már nem
élvezhetné,
agyamban a gondolaton nem tükrözödik erö, az éltetö.
Halvány magányomban visszasülyedek a multba,
Hol szürke lényem járt-kelt, még sokkal azelött.
A szerelem naggyá tett, néha még boldoggá is talán?
Most mámoromban csak a jelennek élek, nem járok
multba.

1942.V.23.

4. TEHOZZÁD...

Száll a madár, száll a nóta
Tehozzád száll kedvesem.
Hirül viszi azt Tenéked,
Nem hagylak el én sosem.

Vadvirágos erdönmezön,
Szállva – száll a víg dalom.
Beleszáll a kis szivedbe
S ott megpihen Angyalom.

Küld el te is hogyha szeretsz,
Én hozzám a szivedet;
Én nálam is jó dolga lesz,
Szeretetért szeretet.

1942.II.12

5. Ó NEMZETEM

Sirod ásóinak nem volt elég egy ezredév.
Dögkeselyük, sakálok megásását hiába lesték.
Idegentöl eövakitva hányszor tépted önmagad
Jajjgató unokák siratták hösi multadat.

Nem buktál el, álltál büszkén dacosan,
Ha rengett is a föld fejed hordtad magasan.
Mindez sok-sok áldozatot követelt
Hány fiadnak kellet földed hagyni el.

Bus magyarok fél világot járnak át,
Nem találnak sehol otthont se hazát.
Megtelepül hellyettük más idegen,
Tépi, rágja sanyargatja gyökereid idebenn.

Száz sebednek kinzó fájó teteje,
Széthuzásnak husbavágó kételye.
Ezer láncot csörgetsz lábon karodon,
Hogy megszabadulj nincsen reá alkalom.

Tatár, török német iga birtad ezt?
Uraidnak árulása majd el veszt.
Feláldoznak önmagukért mindened
Pedig ez már életre nem babra megy.

Tartsd a fejed tartsd még jobban magasan,
Új eszméknek még jobb rágó foga van.
Vigyázz mert ha átrágják a gyökered,
Sir nélkül is eltemetik nemzeted.

6. RÉGI ARATÁS...

A nap vérsebet üt a z égen,
hajnal szele borzolja a bus földeket.
Rajta ringaz éltet adó tenger,
harmat csillogtatja a buza szemeket.
Ember sorsa, kasza a vállán,
Fényes érzpenge napba csillogó.
Kérges talpa nyomán a por száll,
Sastekintet szeme villogó.

Aratásra készül; az áldást aratja.
Télreménye ül a két szemébe benn.
Mint gyöztes vezér a legyözött felett,
Végig tekint szeme a földeken.

Hányszor nézett aggodó szemmel.
Mig megérte ezt a víg napot?
Izzadság csepp arcán szánt végig,
ki adna érte annyit mint ö adott.

Kenyér az élet a hófehér cipó.
Érte van sok minden, ádáz küzdelem.
Áldozatot kér a föld, zsarnok
Nem gyül ám a csürbe könnyen élelem.

Felcseng az ének tikkadt ajkakon
Lendül a kasza izmos kar viszi.
Boldog mámor fáradt vállakon,
a munka után jött áldást élteti.

7. MEGTÉRÉS

Ha tekintetem az ég felé mered
Sulytsanak rám a sötét fellegek.
Rettentö haragjukn villámló csapása,
Testemet vágja.

Mardosó lelkem viharzó tüzén,
Síró könnyem szemem tükrén,
Meggyötört testem, fájdalomtól remeg,
Téged elvesztelek.

Tépje a szivem a bánat marása,
Nyugtom ne legyen, szüntelen peregjen
Szivem zokogása. Háborgo vérem
Nyugtát ne találja.

Ha fájdalomtól arcomra borulva,
Elveszett hitemet siratom vissza,
Szálljon a szememre nyugtató álom,
Hogy lelekem ne fájjon.

Ès ha visszatér lelkembe a tudat,
Felemelt fejjel járhatom az utat,
Megtisztult lelkemböl felszakad a sóhaj,
Sajgó sebem behegged.

Ha nem fáj nekem már semmi,
és öntudatos tudok ujból lenni,
Becsületem lángja újra felragyog,
Megint régi vagyok.

1941 IX. 22.

8. UTOLSÓ HAZAÁRULÒ

HA te is elmégy innen
Akkor lesz nyugalom.
Ha Ö is elmégy innen
Nem lessz semmilyen idegen hatalom.

9. KÉRÉSEM

Istenem csak azt ne tegyed,
hogy jókedvem elvegyed.
Mert búval és boruskedvvel,
Életem nem élhetem.

Nincsen annál rútabb semmmi,
Mint mogorva képpel lenni.
Mindig csak borut látni,
soha vidám napot várni.

Vidámság az élet sója,
Nélküle iztelen volna.
Mindig jobb ha mosoly az arcon
Szétterül, mint hüvös alkony.

Dühös ember nem lát soha,
sokkal messzebb mint az óra.
Haragjában saját maga
Életének megrontója.

Morog, dühöng, foga ropog
Agyában a bosszu forog.
Saját rosszindulatába
Másra kenne mindent rája.

De ha mosoly van az arcon,
Béke száll az édes hangon
Szerte-széllyel csak egyre-egyre
Mindenkinek a szivébe.

Azért mondom nevessetek,
Istentöl is azt kérjétek.
Többet ér mint vagyon, kincsek
Ha van mosoly, s jó kedvetek.

Istenem csak azt ne tegyed,
hogy jókedvem elvegyed.
Mert búval és boruskedvvel,
Életem nem élhetem.

1941.XII.11

10. EMBEREK !

Ti gyarló lények,
hozzátok beszélek.
Tévedések útvesztöin
Bugdácsolva mentek !

Életetek kicsinyes
Szálkahasogatás,
Míg saját magatokban
Nem látjátok a hibát.

De másba belekötve
Büszkeségtek hangzik.
Felfortyantok mindjárt
Ha igazság elhangzik.

A boldogság messze
kerül el titeket.
Mert nincs nektek
Kicsiny örömetek.

Véres, lázas, lüktetés
Rohanás éltetek.
Nincs egy pillanat,
Hogy megpihenjetek.

A pénz, a kincs,
Hajtó elemetek.
De szeretet nélkül
Múlik el életetek.

Nincs testvér, anya,
Csak örült rohanás
Szívnélkül élet,
Féktelen tobzódás.

Arany az isten
A szeretet magva.
Ahhoz húz szivetek,
Kinek van aranya.

Megrokkant testü
Fiatal öregek,
Kik a nagy hajszába
Mind össze törtek.

Nem veszitek észre
Az élet szinét, ízét.
Csak posványba, sárba
Gázoltok mindég.

Míg véres mocskos kézzel,
A bünbe fürdetek,

Lélek kufárkodó
Mocskos lesz lelketek.

A gazdagságot hajtva
Nem látjátok soha,
Hogy milyen mélyre,
Sülyedtek a porba.

Véres háboruk.
Sorra kerekednek.
Kit okoltok ezért,
Ezt mondjátok meg ?

Az elfajult élet,
a kapzsi sóvárgás,
Halomra dönti
A családok sorát.

Apa, anya, gyermek,
Szana széjjel élnek
Arra feleljetek
Hol itt a szeretet ?

A szeretet, mely mindig
A boldogság alapja:
Szeretet nélkül
Béke, nem lesz soha !

11. LÓ ÁLOM...

A karám ! A karám !

Csak az ne volna.
Szabad vágtatások,
Nagy megakadályozója.

Repülne szállna
Minden merész álom
Magasbarendült pata
Lecsapna a tájon.

12. MEGMONDOM…

Megmondom most az igazat,
Nem merek szólni igazat.
Visszatart a régi intelem:
nagyon féltem a fejem.
Na és mit érnék ha
Mégis megmondanám ?
Ugysem hinnének mert
Nincs is haszna tán.
Hiába mondom
A szépet és a jót,
Ha nem hoz embereknek
Kézzel foghatót.

13. LÁZ ÁLMOK

Mint láz álmok ha gyötörnek éjjel,
Rámrohan az érzés fojtó szenvedéllyel.
Szivemben mardosva kacagva ugrál
Döngetve kebelem, ébredj fel mar !

Ébredj és nézz körül a forrongó világba;
Hánykódó szenvedély véres viharába.
Hol az indulatok egymásnak rontva
Marzangolnak testet, mint örült furia.

Nincs megállás, a rohanás közbe
Ki visszatekint, eltünik örökre.
Az embertelen érzés, mint a brutalitas,
Kitörni készül mindenkinek nyakát.

Nincs megalkuvás, nincs könyörület
Egyik sem remélhet a másiktól kegyelmet.
Hullahegyek tetején, kacagva így kiált,
Nem történt semmi! Gyözni kell tovább !

1942.I.4.

14. LÁNYKA...

Még fiatal vagy, szines feslö bimbó.
Szép kicsike virág, szélben lágyan ringó,
Elötted még virul az édes szép tavasz.
Ajkadra nem téved, soha bús panasz.

Gondolatod fölszáll, bárányfelhök közé,
Tiszta fehérlelked, sötét bünök fölé.
Álmodban mesék világában járkálsz.
De titokban néha, valakire már vársz.

Égszinkék szemeddel, csodálkozva nézel,
Mintha mitse tudnál, pedi te is érzel.
Hogyha kibontod, viruló szépruhád.
Az egész nagy világ, mosolya néz reád.

1943. IV. 30

15. JÖJJ

A kis kertipad büvös magányában,
Édes zenét susos a nyári éj.
A fénylö csillagok bíztató tüze
Heviti szivünk szunnyadó parárzsát.
Jöjj te büvös, te kegyes éj
Szállj le ránk lopakodva, szenvedély.
Biborpalástu aranyos ruhába,
csókold arcunkra, mámorod tüzét.
Mint mézédes zamatja a bornak,
Szomjas ajkunk csókba forrad.
A csöndes éj néma figyeléssel,
Álljon ört, vigyázz ránk.

1941.X.2.

16. TAVASZI ÉBREDÉS

Felszakadt a hajnal, csodálatos szinben,
Mint egy valóravált tünemény az égen,
A ´fénytöl kábultan bámuljuk a csodát,
Mintha ilyet soha nem éltünk volna át.

Az ember ilyenkor mint egy kicsi gyerek,
Tapsol örömében úgy örül a fénynek.
Mámortól kábultan felhök fölé suhan,
Ugy érzi a teste egészen súlytalan.

Csodás vagy tavasz, ébredésed álom,
Behunyom a szemem mégis tisztán látom,
Amint a felhök suhannak az égen,
Játszanak a fecskék az ég tengerében.
Gyönyörü tavasz, ifjúságunk álma,
Bárcsak egyszer minden szép, valóra válna.

1942..21

17. SZABAD- E?

Szabad-e sóhajtani –
Úgy nyíltan - hangosan?
Szabad-e szembenézni –
Úgy vígan, - dacosan?
Szabad-e azt mondani, -
Hogy én ezt - akarom?

Van-e olyan érzés,
mit meg kell tagadnom?
Szabad-e óhajtani –
Úgy tisztán – szabadon?

18. MEGUJHODÁS…

Minden fejlödésnek van egy csúcsa,
mellyel magát végtelenbe fzsoja.
Meg nem állhat bármily reménytelen,
az út amelyiken végig megyen.

Ha nem úgy volna megállna minden,
nem lenne értelem a feszülö végen.
Minden álom elbukna szüntelen
Nem segítene akarás a fáradt sziveken!

Még szerencse, hogy ilyen az élet,
elöbb – utóbb enerválódnak a gének.
A magasba szökött kifinomulások,
magukban hordozzák az elmullásuk.

19. CSÖND...

Most elhallgatott lantom húrja,
Uj nótát már nem zenél.
Most lapos lett az ember útja,
Nagy csodát már nem remél.

Mit mondjak neki, melybe bizhat,
Utja merre, s hogy vezet,
Ki ismerheti fel mind,
A szerte futó ereket?

1950.dec.

20. MINDEN BÁJNAK!

Minden bájnak szögletében
Van egy keskeny pillanat,
Amikor a szívnek titkát,
Megsejteni sem szabad !

Minden fényes ragyogásban
Van egy kicsi szürkeség,
Ám ezt a nagy csillogásban,
Észrevenni túl nehéz !

Minden tapsnak nagy az ára,
hogyha korán kezdik el.
Nem biztos, hogy az majd késöbb
Dicséretet érdemel.

21. AZ EMBERT...

Az embert keresem!
Ki önmaga fölé emelkedett;
Legyözve magában,
minden piszkos igyekezetet.

Az embert keresem;
Ki istenné szülte magát:
És munkája által,
Emberivé lessz a világ !

22. LEGSZEBB DOLGOM...

Legszebb dolgom a gondolat,
mely üzi tölem gondomat.
Ha elüztem gondomat,
gondolok vidám dolgokat.

Gondolok szépet merészet,
belölem mi minden lehet.
Csak azt nem tudja jó fejem,
hogy meddig tart az életem!

23. ELEMBEREDTÜNK...

Elemberedtünk ez nem vitás.
Ezen nem segithet semmiféle ámitás.
A szentet nem ájtatottsága méri,
hanem az áldozat, mely megigézi.

Fölfuvatták sokan magukat.
Ez mégnem egyenesiti derekukat.
/hisz/ annyi rossz megterem,
a nemesek közt mint intelem.

24. ALAP...

Az élet alap semmi más:
élelem ruha és lakás.
Ami ezen tul mutat,
megrontja az álmokat.

25. EMBER ÉRTÉKELÉS...

Mikor úr és mikor János?
És mikor lesz méltoságos ?
Kinél görbbül meg a háta?
Melyik aki ezt kivánja ?

26. MEA CULPA...

Bünösök vagyunk,
Mindenkinél bünösebbek !
Élni akarunk !
Jóvátenni büneinket...
Bünös az aki felett
Itélkezhetnek?
Porban heverünk,
Jajj a legyözötteknek,
Bünös az aki felett
Itélkezhetnek.
Jajj a hatalmasoknak,
Jajj a legyözötteknek!

Vajon miért indult el a gyülölet,
Mely fenevadakká tette az embereketß
Mitöl lett kiméletlen elvadult a világ,
Hogy nem értettte ember az embertárs szavát?

27. HITRE DOBOTT...

Hitre dobott mocskok árja,
Tisztit sötét felleget.
Koholmányok átvágása,
üres zsákot tereget.

Ó de soszor emlegették,
Meg nem fejtett perceket.
Összekuszált vakreménybol,
Szertehullo végletet.

Hora hullott vércse vére,
Gyenge húsnak menedék.
Szembe mondott igazságból,
bármily sok van nem elég!

28. AZ LEHET…

Az lehet, hogy szép,
De ha nem igaz
És nem jó.
Bármily kedves
Nem nekem való.

29. TÉL...

Dunyha borítású
Fehér takarás.
Hideg futkosású,
szivbe markolás.

Koldust üzö vágás,
méla nyugalom.
Csendes boritásu,
Fátylas ablakon.

30. HELYREIGAZITÁS...

Majd azután... késöbb –
Amikor már nem lehet hallgatni,
elmondják, hogy a munkások –
illetve dolgozók –
bizalmával visszaéltek.
Természetesen sok ártatlant
Bünösnek itéltek,
Söt elitéltek.
Természetesen ez
következményekkel járt.

A volt nagy bünösöket,
Rehabilitálják,
Föleg az elhullottakat.
Ujbol visszaállitják a
Törvényességet,
minden megy a régiben.
Csak a szájak-a szájak,
Kicsit félrehuzodnak.
Ám csak azé,
Aki nem tud
Mindenen mosolyogni!
Vállalva, hogy
Megharapja nyelvét.

31. A HAZÁT...

A hazát szeretni kell.
A hösökröl beszélni kell.
A háboruban elesetteket,
Még ha gyáván haltak is:
Tisztelet illeti meg!

32. SZABADÚSZÓK…

Végig rohanjuk az életet
Mint kiéhezett rühes kutyák.
Keresve mindenütt csontokat,
hátha hus ragad ránk.

Nem vigyázza senki életünk,
Tüdönk lihelve zilál.
Ragyogva függnek álmaink
Lelkünk végtelenbe jár.

33. DICSÉRGETÉSEK...

Én dicsérlek téged,
Te dicsérsz engemet,
Ö dicsér minket,
Mi dicsérjük ötet.
Ti dicsértek minket
Mi dicsérünk tizeket.
Mindnyájan dicsérünk
Valakit, a nagy szellemet
De meddig?

34. TANITOK...

Tanitsátok csak a Népet,
Szüksége van rája.
Sötétségböl, hogy kijusson
A világosságra.

Ha megérti magát egyszer,
utja simán megszalad.
Könnyen szedheti magára
A szükséges holmikat.

35. BARTOK...

Elloptad szánkból a dalt,
hogy valami uj teremjen.
A lelkünk megse rezdült,
hisz népünk oly védtelen.

És visszahangoztak a dallamok,
már nem a régi megszokott.
Valami gyönyörüségesen idegen,
amelyben régi énünk zokogott.

36. LEHET, HOGY...

Szolnék de nem merek.
Félek kinevetnek az emberek.
Olyanról szólnék talán,
Ami nem is az én hibám.

Mert mea culpázni jó szokás,
Ahhoz nem is kell nagy tudás.
Vállalni kell, hogy tévedek,
Majd helyrehozom vétkemet.

37. BARÁTAIM...

Barátaim! Kik most itt egybegyültetek,
Arra kérlek titeket, hogy emlékezzetek.
Emlékezzetek a multra, mely elszaladt,
És integet belölle sok sötét pillanat.

Emlékeink zöme sokszor visszajár,
Nyomunkba szegödik mig elér a halál.
És ha véletlenül véget ér az élet,
Elvisz velünk vidám és bús emléket.

38. HA TE...

Ha te nekem fujod a dalt,
és a nekem tetszik –
én is fujom neked.
Igy ha jo összhang keletkezik,
Zenekarrá állunk.
Olyan dalt játszunk,
ami sokaknak tetszik,
amig rá nem jönnek, hogy
nem nekik játszunk.
Mert minden ember
Trombita és trmbitás.
Fujja-fujja önmagát
Es azt akarja, hogy
Hallgassák – hogy hallassák.

39. A MESTER...

Az inaséveket letöltöttem
De sok idö telt el
Mig segéd lettem.
Hányszor vágták hozzám,
Hogy, - hogy az anyád!
Mig megszoktam a szakmát.
Nem ment könnyen
Ez bizony igaz.
De húzott a vágy
Hogy tudjak sokat.
Hogy az én munkám
Más és külömb legyen.
Nem ment könnyen:
De mester lettem.

40. ERÖ...

Az a csoport az a réteg,
Amelyikben van kisérlet,
célratörö nagy tetekre,
szervezkedik mindörökre.

Összeveti összeteszi,
az erejét ugy növeli.
Szoros szövetségek árán,
megtelepszik mások vállán.

Kiépitik hálózatát,
az eröket sokszorozzák.
Beépülnek más terekbe,
kétséget szülve fejekbe.

Kusza utat eggyeztetnek,
hogyha jó a szervezetnek.
Aki abból kivül marad,
Az bizony a sárba ragad.

Szövevényük kusza ága,
ráfonodik a világra.
Akki abba bele akad
Annak csak az iga marad.

41. TÁN...

Eljutottunk odáig,
hogy beszélni már
nem érdemes.
Mert amit mondanánk
- a fiataloknak -
még nem érdekes.
És kihül a lelkünk
Egy eltévedt
Bolygó világ.
Hol keresik
a harmoniát.

42. NINCS MÁR...

Nincs már a fejemben semmi gondolat,
mely odafüzne hol az öröklét fakad.
Nincs már reményem mely futni tudna még,
kiszikkadt világom vár reám a vég.

Ha már megöregedtem milyen öröm vár,
remélhetem-e, hogy süt r´m éltö napsugár?
A régi vágy megfonnyadt multak örömök,
nem matat már a nyul hervadt fü között.

43. AZ IDÖ FUT…

Az idö fut…
Melette mi sem állunk,
nem mindeggy,
hogy mit csinálunk.
Az élet mullik,
Hogy aztán visszatérjen
Nem mindegy,
hogy hogyan mérem.
Az ember vár,
Valami nagy cssodára
Nem mindegy,
hogy mi az ára.

44. CSILLAG FÉNY…

O én drága csillagfényem,
aranyhangú violám.
Boldogságod tengeréböl,
sugarazz át énreám.

45. ÖNÁLLOSÁG...

Mi lesz veled kisember,
hisz egymagadban verekszel?
Ellened van a világ,
Hogy birod majd igy tovább.

Mi hajtja a szived hát,
Hogy gyöz sok-sok akadályt?
Honnan van az értelem,
hogy nem gyöz le a félelem?

Pedig sarkány van elég,
ami ugrik tefeléd.
Sok százezer torkon át,
fujja reád a halált.

A segitség oly kevés,
Ám irigyed van elég.
Hogyha rendben a szénád,
ujjal mutogatnak rád.

Mitöl lehetsz ily erös,
mint egy mesebeli hös?
Ki ha nagy rá a csapás,
keményen elébe vág.

Mitöl lehetsz ilyen merész,
hogy birod a szenvedést?
Nem lehet az semmi más,
Mint egyéni szabadság.

1964

46. IGY…

Szive, - szeme,…
Egybe legyen! –
Hogy amit neked ád, -
Lelke legyen

47. ALKONYODÓ...

Kopogós kopaszon, kavarog az ösz.
Karimás kalapom, sok vihart tetöz.
Szendergö szánalom, lomha lábakon,
Elhullott remények sárga tájakon.

Megpihent látomás álló vizeken
Kifordított zsáku, üres értelem.
Kapaszkodó fákon, varjú vár kár.
Felszálló porfelhön búcsuzik a nyár !

48. FIGYELMEZTETÉS...

A gondolatok könnyü röpke szárnyán,
A múló élet gyorsan tünik el.
S a megbukdácsolt millió göröngyöt,
Mint szálló felhöt úgy feledjük el.

Ám a lélek mély tenger vizében,
A rossznak réme mindig fel-fel ég.
Megrémülve sok-sok léhaságtól,
Már nem látszik oly végesnek a vég.

Az igaz munka szép reménnyel bíztat.
A rossz csüggedés hamar véget ér,
De nem közönnyel kell v'rni az áldást,
A víg kedélytöl megpezsdül a vér !

A szépen szóló szó sem mindig igaz.
Hizelgésben sok hamisság fér.
Fö céljainak önzö érdekében
Az aljasság mindig célt remél !
Ne feledd ! 1961

49. GONDOLATOK …

A tett többet ér a szónál,
A szó, többet mond a tettnél.
Mit ér a szó, ha nincs cselekvés
A beszéd, elhomályosítja a tettett.

Szerény ember tetteivel nagyobb,
Mint a hangos szavaival.
Cselekvésekből épül fel a világ,
Bár beszéddel is győztek már.

Nézd az ibolyát: szerény,
Mily csendben pihen az erdő mélyén,
Mégis megtalálja az, ki illata után kutat.

A piros pipaccs, feltünik,
Külseje mily sokat mutat.
De kézbe fogva nem találsz
Csak üres, néma szirmokat.

Nem mindig a hivalkodó,
értékben gazdag az,
Kinek külseje sokat mutat
Mig belül mit a külső takar,
Csak ócska korhadt rongydarab.

Fáj de sajnos így van ez;
Sok szép virág, mérgezett.
Az ármány gyöz a kard felett,
És elbukik ki vérezett !

1942. I. 20

50. ICUKÁM /feleségem/

Nem olyan voltálm mint a többi lányka
Kecsesen lépdeltél csinos kis ruhádba.
A szemem ott, akkor, tefeléd tévedt,
Megfogott engem a bájos szépséged.

A nap is szebben sütött az égen,
Megcsillant fény szemednek tükrében,
Fürge kis léptekkel futottál suhanva,
Mint a kicsike nyúl, ha mezöt futja.

Az én lelkem akkor utánnad szaladt,
Összeölelkeztünk egy pillanat alatt.
Nem szóltam hozzád, a szivem már égett,
El folytotta bennem a születö beszédet.

Olyan szép voltál, mint a tündér álom,
Hozzád futott velem az egész világom.
A szemünknek fénye egymásba tévedt,
Megfogott bennünket az örök igézet.

Azóta itt vagy kedvesem, velem,
Te lettél az élet, az én életemen.
Szivünk minden lángja egymásba olvad
Boldogságunk napja soha el nem múlhat.
1957 május

51. IGEHIRDETÖK…

És akik nyájas szóval
Hirdették az igét,
Megalázták az embert
Saját érdekeikért.

Hunzut szemükben
Hamis láng égett.
És igértek –igértek
Uj lehetöséget.

52. IFJUSÁG

Még ifjukoron hévvel zengtem a dalt,
Szivem még nem ismerte akkor a jajt.
Még felhötlen égen szálltam, magasan,
Nem hittem az akadályban.

Szép volt minden, szép gyönyörü a világ,
Nem ismertem bánatot, csak szép madár dalát.
Szivemben rózsa nyilt, dalolt az élet bennem,
Mindennap egy uj nótába kezdtem.

Ha meguntam a dalt, mi tegnap még szép nekem,
Elvetettem, s ujba kezdtem, nem maradt folt
lelkemben.
Akkor csak a mának éltem, nem ismertem a mult
intelmét.
A holnap nekem semmit sem ért.

És az ifjuság nagy, végtelen mezején,
Nem ért soha csüggedés, mindig volt uj remény,
Mely mint fákja lángra lobbant,
S a vér uj pezsdülésében, Régi kedvem visszanyertem.

1942.VI.8

53. ÖREGKOR

Elhalnak bennünk az álmok,
A vágy már mit sem ér,
de egy-egy meghitt percet
nem adnánk oda semmiért.

A régi voltunk messze szállott,
az emlék íze néha visszajár,
szemünkben tán öröm fénylik,
de nem oly forró már a nyár.

54. EGYMÁS MELLETT......

Most másztam fel a rétre,
Egy füszál tetejére.
Csodálkoztam és meglepett
Hogy ily magasra engedett!

Sok füszál van és egyforma,
Fejét mind fennen hordja.
Nem látszik meg eggyen sem,
hogy másik nyakára terem!

55. SZERELEM...

Lázas lángok villodztak szivemben,
Remegett millió fénysugár.
A vér felpezsdült ereimben,
Ragyogó pompában berobbant a nyár!

56. ÚJ MÜVÉSZET...

Amikor már nemtudsz ujjat adni,
Mi széppé tehetné még az életet:
Otromba össze-visszasággal
Mocskolod be a képzetet.

Kusza szövevény figurákkal,
Zilálod szét a még reményt,
Sulytalan buszavakkal
Tépsz ki minden televényt.

57. ÖLELKEZÉS...

Ne hidd, hogy rád gondoltam,
Csak egy pillanatig eszembe jutottál.
Veled voltam, olyan bizalmasan,
Mint soha azelött!

58. REMÉNY...

Szürkén fénylö napba nézve,
ködös létünk rejtelem.
Ám ha vidám kedvünk réve,
Elszáll minden sejtelem.

Minden kezdet végbe vágtat,
Áldást várni oly nehéz,
De az érve múló évek,
Megérik az ébredést.

1969

59. MERENGÉS...

Csépelem az idöt
Magamban céltalan.
Megfürösztött vágyban
A létezés lényege van

Elsirt virulásban
 A vig dallam játszik.
Minden boldogságban,
csalfa fénye látszik.

Hol futnak az álmok
Az idöbe céltalan?
Elsorvasztott vágyban
Az álmodás lénye van.

Hosszú hallgatásban
Nagy beszéd lágyul.
Kinyitott nagy szemben
A pillantás tágul.

60 FEL A TETŐRE!

Ha már kivakarództál,
és valami vagy:
Elfelejted, hogy honnan
Kezdted el az utad!

Nem kell hozzá sok,
csak egy kis jólét,
és némi alkalom,
máris kialakul
az osztálytársadalom.

Az elfutott mezöny,
Még néha visszanevet
Es merész léptekkel
Mássza meg a hegyet!

61. MEGRENDELÉSRE...

Mit hazudtok össze-vissza,
Millió szóba elgagyogva,
Létetek apró perceit.
Mintha tán a világ,
Nem volna semmi más,
Mint gyönge kis öklendezéstek,
Végtelen sora.

Mit csürtök, csavartok
Apró praktikákat
Elfedve szemét, a szédült
Világnak.
Benne kedvetek csak azért
Terem, hogy a pénztárcátok
Vastagabb legyen.

1970

62. TUDOM ÉN...

Tudom én kiket szeretsz te ;
A veled törtetöket,
A mindég hizelgöket,
A megalkuvókat,
A mindig veled, neked tapsolókat,
A fülbesugókat a veled ivókat,
A mindig neked mosolygókat,
A neked hajbokoló elveszejtöket,
A snejdigeket, a jólfésülteket,
A kellemesen csevegö tömjénezöket,
A jólhelyezkedö, nagylátókörü
Minden szép emberin átlépöket
A célért mindenre képes nagyléptüeket
A világfit, aki hazájából él
De máshová sandít.

63. AFRIKA...AFRIKA

Afrika az afrikaiké?
A szivem a tiéd!
Magyarország a magyaroké,
Igy szép a mindenség?
A szél már borzolja a fákat.
Nem lehet élni csak a
Mának.
A pillanat fut – rohan,
Álmaink égbe szöknek,
A mindenségre vágyva !
Földbe löknek.
Afrika !!! Afrika!!!
De szép fényes is néha
az ég.

1972

64. KARÁCSONYI ISTENTEMETÉS! Vagy / Pokoltánc /
1971

Hogy az embernek Istent teremtsenek,
Azt mondták nincs több.

Csak egyetlen egy.

Hogy ezt megtehessék,
elárulták és megfeszítették!

Hogy az embert istenné megtehessék,
elárulták és megfeszitették!

Szédülésbe kergették a világot,
békéröl, szeretetröl, prédikáltak.

Hogy a világot szédülésbe kergethessék,
Az embert istenné keresztelték!

Járják a vitustáncot!

Keresik Istent,bünbocsánatért.

Hogy az Isten bünbocsánatát megszerezzék,
a világot rabszolgává tették!

Állandóan elárulják.

Hogy az embert egyszer megtalálják,
istenként mindig elárulják!

Pedig nincs is Istenük / csak /
Pénz! Pénz! Pénz! / és /
Hatalom! Vágy, uralom.

Hogy az embert istenné megtehessék,
Elárulták és leköpdösték !

Meddig tart még mig Isten,
megtalálja hol az Ember?

Mi az erkölcs?
A becsület és igazságnak
olyan társadalmasitott szabálya
amihez a nagy többség
megbecsülése érdekében
igazodni igyekszik.

65. OSZTÁLYURALOM?

Az uralkodó osztály tagja vagyok,
Én vezetek és Én izzadok!
S a trón legmagasabb fokán
Görnyedve húzom az igám!

A munkásosztály tagjaként
Én szabom magamnak a bért.
Ha úgy találom, hogy sok nekem
Meghuzom guzsom a kezemen.

Természetesen szabad vagyok.
Önmagam kötöm magam,
Felmérni nem birja fejem.
Áltatnak is benne csendesen.

Összefognom kivel lehet?
Eltartom az élősdi réteget,
S, hogy felne lázadjon ellenem,
Az életét kényelmesé teszem.

Ezért cserébe oly sokat kapok,
Körülvesznek titkárok, papok.
Jó pár ezeréve van talán,
Vigyáztok, elne fogyjon igám!

Ha véletlen gyeplöt kapok,
Megülhetem a lenézett bakot,
Akkor csördül ostorom igazán,
Én értem, hogy rakjam az igám!

1972

66. MAGYAR CÉDRUS

A viharban állva, várva
Egyedül;
Mig tép és szaggat
Cefetül.
Szembe nézve nem remélve
Hogy majd egyszer kiderül!

67. AZ ÉN JAJGATÁSOM...

Az én jajgatásom
Az Én jajgatása.
Az én sirásom
Az Én sirása.
Az Én jajgatása helyett
Nem jajgathat senki,
Az Én sirását
Nem sirhatja se

68. HALADÁS...

Ami tegnap jó volt,
az ma már kevés;
Ami ma még elég,
holnap már semmiség.
És ez igy magy végig,
mint véges végtelen;
Mig eltünik rendrc
A mulló idöben.

69. BIRÁLAT

Hogy nézzek rátok, régi nagy óriások,
Akik még ahhoz sem vagytok elég bátrak,
Hogy a hibát vállaljátok!

70. BORONGÁS

Búra termett sötét idö,
Sötét égböl hull az esö.
Hadd zuhogjon, had szakadjon,
Ha szivemben nincs nyugalom!

71. ÉRTÉKMÉRÖ

Eszményem a munkás
Aki termelve, Pénzt keres.
Ezáltal az élet ura,
Nem szolgája senkinek !

72. VÉLEMÉNY

Ó milyen bután korlátozott
a világ.
Azután itél meg, hogy mit
Csinálsz, és milyen a ruhád!

73. VÁGY

Öslelkem a pusztát vágyja,
A végtelen széles nagy teret.
Hol a lélek szabadon száll,
Mint az égen a fellegek!

74. NEM...

Nem! Én nem megyek veled.
Engem nem boldogit a vágytól font
Képzelet, melybe sekély indulatok
Hulláma sodor, de partot –
Nem találhatok sehol.

75. A TERMELÉS

Ugyan !...Ugyan !
Csak nem hiheted,
Hogy valaki egyedül,
Túl sokra megy;
Kell és szükséges
Az összefogás;
Hogy találkozzon
a szellem,
és a munkás!
Nem lehetsz kéz
A láb helyett,
És a láb
Nem helyettesítheti
A fejet!
Csalfa és hamis
Minden olyan
Gondolat,
Amelyik egymás elé
Helyezi
A másikat!
Majd
Ha értelmet kap
A képzelet,
Nem néz ki húz
És ki vezet.

Elpusztul minden
Ártalom,
értelem ül meg,
A vágyakon!

76 ÁLOM…

Valami szebbre vágyom,
Valami jobbra,
Valami igazságra,
Amiben az értéket
Az alkotó munkás adja!

77. HOVÁ LETT

Hová lett a tisztes munka,
értékmérö szelleme?
Amivel az embert mérni,
Ertékelni kellene.

Hová lett a tiszta erkölcs,
Felemelö érdeme ?
Amivel az áldozatot
Megbecsülni illene !

78. ALKOTÓK

Nekünk nem mese kell,
és nem csak kenyér!
Nekünk az élet szépsége,
szükség és cél!

Mi megyünk utunkon,
az élet vezet.
Nincs megállás,
Bárki akarja ezt !

Bárki irányitja,
Az élet hullámait.
Mi vagyunk a hullám,
Ely elöre visz!

79. MULLO ÉVEK...

Mullo évek szálló percek
Elfelejtett bús emlékek
Jajj de sokszor megidéznek
Valamiért vissza térnek.

1970

80. HA TUDNÁM!

Milyen cél lebeg elötted Ember!
Rohamra indulva mint a tenger,
a mindennapok hullámaiban?

Minden futam a csúcs felé tör,
Benne feszül a vágy és gyönyör,
Elérhetetlen bár de viszi hite!

A mezöknek végtelenje rezdül,
Millió szállban össze csendül
Az elfogyó álmok zuhanó csendje.

81. SZOZIALIZMUSÉRT...

Élni vagy élösködni,
ez itt a kérdés?
Dolgozni vagy dolgoztatni,
ez itt a kérdés?
Megélni, vagy éldegélni,
ez itt a kérdés?
Vele meni vagy ellene
ez itt a kérdés.
Húzni vagy bakon ülni,
ez itt a kérdés?
Érte élni vagy belöle
Ez most a kérdés!

82. SZERELEM...

Gyöngyfüzérre való apró kis motyogás,
Melyböl soha semmi nem fakad;
De mégis megédesiti a gyorsan mulló,
Soha vissza nemtérö boldog napokat!

83. AMI KELLETT...

Tegnap, kinyitottam a kaput...
És beengedtem a boldogságot,
Mert már régen kopogtatott.
Szembeállt velem, - nézett.
Nem szóltam semmit,
És Ö is várt:-
Dal volt körülöttünk.
Dal...

1970

84. HA EGYSZER...

HA majd én nagy leszek,
Nemhiszek senkinek.
De ha majd nagy leszek,
Mindig egyenesen megyek !

Most még gyerek vagyok ;
Csak ötven éves.
Még mindig nem hiszek,
de azért remélek...

85. EZ AZ ORSZÁG

Ez az ország Magyarország,
Itt magyarul beszélnek.
Akik itt élnek
A magyarnak beszélnek!

86. A SZIV…

Az agyam és szellemem megérti,
Hogy ez nem érdek!
De a szivem!
A szivemmel, hogyan beszéljek!

87. NÉVTELENEK...

Csak rólatok érdemes beszélni –
Munkások !
Alkotók !
Ti, nem sirtok, jajgattok,
-nincs hisztéria rigolya-
mint a szinészek,
müvészek
Keverök!
Nem csináltok nagy dolgokat,
fenntartjátok az élet
mindennapjait!
Nektek nem állítanak
Névreszóló emlékeket:
Pedig az emlékmüvekben is
Benne kezetek!
Mi lenne nélkületek?
Ti nagy Névtelenek!
Még háboru se !

88. HA BESZÉLNI…

HA beszélni akarsz a világról,
az emberekröl szólj és semmi másról.
Mert mi lehet még benne érdekes,
amit az ember nem értett volna meg.

Ha elmondod róla dolgodat,
még mindig sok hazugság marad,
amit nem tölthet fel az értelem,
de betejesülésre vár a végeken.

89. ELMÉLÁZÁS...

Sápadt fényü holdvilágba,
Belesüthet minden lámpa.
Mert oktondi boldogságot
Nem kisérnek vig virágok.

90. A SZÉDITÉS...

Megcsavarják az egyenest,
hogy zavarba ejtsenek.
A minden csupa ferdeségbe,
önfényüket viszik végre.
Az igazságot kihirdetik,
de az igét rosszul teszik.
Azt hiszik nem veszik észre,
hogy nincs I az elejére.

91. AZ ÉDEN…

Lehet, hogy volt lehet, hogy nem,
de inkább nem volt sohasem.
Ám, hogyha mégis létezett,
kereskedöt nem türhetet.
Mert hol-e szerzet megjelen,
nem segit semmi az Édenen

92. TÖBBEK KÖZÖTT...

Büszke mégis arra vagyok,
Hogy tisztességes maradok.
Nem kell semmi ami fránya,
vagy a más kárát kivánja.
Igy aztán magam maradok,
Üres uton bandukolok.

93. LÉGY UNDOR

Légy a falon,magába
Köp egyet a világra.
Amerre jár, mit tehet,
Mindenhová köp egyet.

94. TI

Ti csak szaladjatok,
Áruljatok, hitet, Istent, Hazát
Ti csak szaladjatok,
Elötettek a nagyvilág!

95. KI AZ UR?

Az úr ir
Felir, leir
Összead.
Kivon, számol, leszámol
Gondokat,
Vágyakat,
Álmokat,
Sorsokat.

96. TALÁLKOZÁS

A nagy hallgatásokra emlékezni kell.
Érleli a lelket széptevésivel.
Szárnytalan repülés szellem útjain
Feltáruló vágyak álmok gondjain!

A nagy találkozás sosem múlik el,
Értö szenvedélye mindig ujra kell.
Közbefogott gondba mindenn belefér
Kitisztult nyárestén sziv az égig ér!

97. FELNÖVÜNK

Munkás vagyok,
Méghozzá öntudatos.
Én vagyok az élet ereje
Nekem nedumáljatok!

Tudom nem szeretik,
hogy látva néz szemem.
Èn az életre vigyázok,
Mely itt éled tenyeremen!

A löttagyuak mindig, (sandán)
Vigyázva figyelnek.
Ök eladják Nekem
Amit én termelek.

Nem engem-
Magukét féltik Ök.
Azt hiszik megállíthatják
A rohanó idöt!

98. SÖTÉT VAN

Sötét van!
Nagyon sötét!
Nincs rá remény,
Hogy megvilágosodjék !

Hideg van !
Nagyon hideg.
Gyere buj hozzám,
Hogy felmelegedjek!

99. AZ OKOS MAJOM.

Az okos majom biztatásra
Megépiti saját kalodáját.
Istent teremt magának
Hajladozik elötte.
Azt kiab'lja: emberré magasodtam!
A fákra már nem emlékezik
De ugrálnI még tud.
Ha teheti másokat is ugráltat.

100. NEM HISZEM…

…hogy az lenne a haladás,
ha mások veszik a pálcát.
Vagy a gyeplöt uj kezek,
S régimód csettintenek.
Én nem hiszem, hogy szép lehet
Ha a nagyon nagy igyekezet
Csak mások fölé vezet.
Nincs benne nagy iveles
Csak szétlöki a másikét,
Mint utban levö lim-lomot.

101. EMESE

Emese- Emese
Nagy szerencse
Hogy az ember
Nem kemence.
Mert hogyha
Kemence volna
Hasa mindig tele volna.
Tele volna
Melegséggel,
kikerekült
emberséggel.
Benne sülne
Minden álom
Ami szép van
A világon.

102. NYISSÁTOK KI…

Nyissátok ki az ablakokat,
hadd zuhogjon be rajtuk a fény.
Nyissátok ki a kapukat,
Hadd jöjjön élet és remény.

Szitsátok fel a tüzeket,
Hadd lobogjon égig a láng.
Nyissátok meg a sziveket,
Had béküljön meg a világ.

103. AZ ERKÖLCS…

Vajon mi a szép,
mi gyönyört ad nekem?
A végtelen bájával,
Ül meg a szivemen.

Vajon mi a jó?
Mi kedves végteln.
Vagy megindító ajándékkal
Szolgál csak énnekem.

Vajon mi az igaz,
ami szépet akar?
Vagy elbüvöli lelkem,
jó szándékaival.

104. MIRE MUTAT...

Mire mutat a történelmünk,
idegent kell elszenvednünk.
Idegenek igájába,
Görnyed a magyarok háta.

Igy volt régen igy van most is,
Javainkat elfecsérlik.
Ameddig a nemzet vágya,
nem nyer méltó igazságra.

Ám nem elég sirni várni,
az utat kell megtalálni.
Megfogva a nemzet kezet,
mely a szabadsághoz vezet.

105. ÉN NEM...

Én nem tanultam,
bár munkás vagyok.
Nemismerem a történelmet,
Nem csürök=csavarok.

Az én dolgom a földön,
Örök alkotás.
A haszn´t viszi töllem,
A rámnehezülö « tudás « .

Én nem igazgatok,
nem álltam elnyomonak.
Nekem igaz utat mutat,
minden holnap.

Én nem alkuszom,
Velem egyezkedni nem lehet.
Én nem becsülök mást,
csak az alkoto kezet.

106. MEDDIG ?

Hollófekete szivekben
Él-e még a fény ?
Kifakult szinekben
Biztató remény ?

Felviradt látomást
Bir-e még a vágy ?
Kikinnzott tüdejü
Vakmerö világ !

Szánandó szánalom
Hoz-e uj hitet ?
Felpiszkált létünkben
Megpezsdült képzelet !

Álmot hajtó csoda
Vár-e biztatást ?
Elfogyó istenböl
Uj meg ujjulást ?

1976. VI. 3

107. HA LÉTEZNI AKARSZ, környzetedhez kell idomulni.

Betörni a körbe, kivülröl oly nehéz.
Betörni a körbe, mely belülröl zárt egész.
Ök meglovagolták a világot,
sarkantyujuk vékonyába vágott.
Örökké a hátán ragadva,
vágtatnakörült nagy iramba.

108. EMLÉKEZÉS...

Tessék mondani :
Hol vannak az elnyomók?
És mit csinálnak a tegnapi
Elnyomottak?

109. BUBÁNAT...

Fut az élet busan vélem,
Bánatom van épp elég.
Kacagok bár sirnom kéne,
Hisz a szivem oly nehéz.

Bánatágyam mindig vetve,
abban öröm nem terem,
meggörnyedve roskad vállam,
nyomja le a nagy teher.

Keserü számnak ize,
fogam nem rág örömet,
jó szivemért verejtékért,
nekem nem jár köszönet.

Mégis húzom a szekeret,
Melybe élet befogott,
Mások gondját is viselem,
Ám mégsem én nyafogok.

Majdha egyszer megpihenek,
Visszanézek csendesen.
Elfelejtem minden bumat,
nemrág többé gyötrelem.

110. ELÖRE SZALADTAM...

Holnap jövök,
de ma már
itt vagyok.
Várom érkezésem,
Talán a holnapot ?

111. MOST...

Most félni kell és rettegni a léttöl,
Mert háborogni itt már nem lehet.
A kajánság már befonta a vágyat,
Elpusztul ki álmodni szeret.

Hazug piszkot forgat fel a szellö,
Mely tiszta lelket mélyen felkavar.
A nemzet lelke bezuzott szemekkel,
Durván ácsolt rut tökén hever.

A sanda szemü mészáros kezében,
fenyegetöen felvillan a bárd.
Illyen sullyu fenyegetés láttán,
Ki maradhat állandon szilárd ?

Most félni kell és rettegni a szájtol,
Mely minden piszkot reád kiokád.
Behizelgö fondorlatos modon,
Az igazságbol bohocot csinált.

Futva minden nemes tisztaságtól,
Mely nemzetté fon minden tömeget.
Feladva a rég várt szabadságot,
Önként nyujtja láncra a kezet.

Elveszett a tiszta szivü szándék,
Mely szabadságról hirdetett hitet.
Szabad nemzet létét meg csufolva,
Kicsavartak minden nagy szivet.

Ám élni kell és reménykedve látni,
minden töröl uj hajtás fakad.
Nemcsüggedve mulló sors csapástol,
A nemzet léte ujból felvirad.

112. A FEJESEK...

A sok fejes Budára hajt,
Minden fogásra kész,
hogy odafenn a hegytetön,
biztositsa helyét.

113. CSAK UGY...

Ülök magamban s arra gondolok:
A piszkos munka mégis nagy dolog.

Nagy dolog, hogy magamban vagyok:
És még most is a munkára gondolok.

114. HIGYJÉTEK EL...

Higyjétek el ha mondom:
nincs a földön szebb és nemesebb
semmi más,
mint a jokedvvel végzett munka,
az alkotás.
Bár a sok hamiskodó nagydumás
Nem mutat fel semmit mi alkotás,
Mégis ö akarja a aleghevesebben
Leszakitani,
Az élet legjavát.

115. A SZÈP…

A szépnek titka lénye érvve,
Amig látod hat az érverésre.
A benne megálmodott titkos percek,
mint rozsaszirmok énekelnek.

A titkát, hogyha boncolgatod,
a szépnek lényét találgatod.
A megfoghatatlanhoz mérve,
A szépség tényét téve érvre.

Minden tiszta boldogságban,
szép édeni ragyogás van.
Szivünkben életre kellnek
a szépséges szép emlékek.

116. TALÁN…

Talán elkellene gondolkodni,
talán oda kellene már figyelni,
talán meg kellene nézegetni,
azt a helyet hol uj rozsák nyillnak.

Nem szabad csak elengedni,
Nem szabad csak sértegetni,
Nem szabad csak lebecsülni,
Azt a dolgot amit mások értenek.

117. BARÁTOM...

Nem lehet mindenki ezredes,
Valakinek dolgozni kell Rátok,
hogy Ti meghodithassátok a világot:
másnak.

118. MIÉRT...

Miért hirdetsz másoknak
olyan igét,
amiröl te is tudod :
nem igaz, nem is szép?

Miért röpptetsz tört szárnyú
Madarat?
Benne csak a repülés vágya
Ami még megmaradt.

Mért hivsz csalódásra
Értemes hitet?
Aminek a célját,
magad sem hiszed.

119. MINDIG...

Mindig kicsi ember voltam,
soha nagyot nem hazudtam.
Ahogy tágult a nagy világ,
Nem ugy válltottam a ruhát.

Hamisságba sohse mentem,
Mindig áltam emberségben.
Pedig közben de sok ember,
elfeledte, hogyan menjen.

120. VOLT...

Volt egyszer egy Magyarország.
Rossz emberek elorozták.
Meghagyták a nevez nála,
Csak a lelkét nyomták sárba.

121. FOHÀSZ...

Isten nyugtass meg engemet,
hogy nem hiába élem az életet.
Add, hogy amit csinál a két kezem,
Örömmé válljon a szivemben.

Kerüljön távol ideges bánat,
Lelkesedés segitse a munkámat.
Támadjanak bennem szép törekvések,
Ne hagyja el számat sohasem az ének.

122. MEGÁLLDOM...

Megáldom magamat
Csodálkozva nézek.
Elfogom a holdat,
Megélek mig élek.

Kihuzom lábamat,
Nehogy rabul éljek.
Minden vágyaimban
Teutánnad nézek.

Hangom hangjával,
Dalodat hivom.
Minden sóhajtásom,
egy virágnyi szirom.

Az elhaló álmom,
szépség kivánása.
Megrebbent szempilla,
szivemnek varázsa.

123. VALAKINEK...

Valakinek huzni kell a szekeret,
Mert ha nem hát biztos megreked.
Valakinek vállalni kell a munkát,
Mert ha nem hát bizonyosan nincs tovább.

Meddig tarthat még ez a nagy türelem,
Amelyiken eröt vesz a sok idegen.
Meddig terjedhet e nagy hatás
Amelyik azt látatja mit nem szokás.

124. SZABADSÁG...

A szabadság ottan nöl nagyra,
hol az ember maga szabja
életének utjait.

Mert akit csak tesznek-vesznek
Die-oda terelgetnek,
birkasorsból ki nem jut.

Szabadságnak nagy az ára;
Nem lehet a sorsra várva,
tétlenkedni mindenüt.

Szabadnak lenni ott lehet,
hol nagyra nö a képzelet
s az alkotonak jár a tisztelet.

125. KAPUK…

A kapuk és a fülek mögött,
De sok minden meglapul.
A szemek és a szivek között,
De sok minden feljajjdul.

126. VOLTAM...

Voltam hajdanában,
csak ugy parittyásan,
én is nagy legény.

Szültem a világot,
Jártam a táncot,
Mindig vigan én.

Feltörö vágyban,
csillagragyogásban
meg sem álltam én.

Ám de a táncom
Megfogta láncom ;
Csendes lettem én.

127. MINÁLLUNK…

Látszolag minden a helyén van :
Szocialista társadalom,
Egypártrendszer,
Demokrátia.

Látszolag minden rendbe megy.
Mindenki végzi a dolgát.
Bérböl élnek az emberek:
Elégedettek.

Látszolag minden renbe megy.
Nem zúgolódik senkisem,
csak a feszültség fokozódik,
Nincs egység.

Látszólag minden ugy történik,
ahogy felül akarják,
csak a szájrése ézik:
nincs nyelés tovább.

128. ÚJ GAZDAG…

Most már biztos, hogy szocializmus épül.

Van autom és villám a Balaton partján.

Ha ugy magamkörül széjjel nézek,
Egyre szebb és jobb lessz az élet.

Ezért csak felfelé nézek.

Most már fenn a hegyen lakom,

Nekem nem kell osztálynélküli társadalom,

Ami leránthatna a mélybe, le a szegénységbe.

1973.

129. MAJD AKKOR...

Majd akkor lesz szebb és jobb a világ,
ha munkája értékét megkapja a munkás.
Majd akkor lesz igazabb és boldogabb az élet,
ha az aki gyüjti el is fogyasztja a mézet.
Majd akkor teljesedik ki a szellem világa,
ha az aki kapta müveli, mindenki hasznára.

130. TROMBITA...

Minden ember egy trombita.
Fujja fujja önmagát.
Ráadásul azt kivánja,
hogy mások meghallgassan

131. SZERELEM-HÁZASSÁG...

Ugy történt, hogy szegény voltam,
ö is ugyanaz.
A szivünkben fények nyiltak,
Hivott a tavasz.

Nem néztünk, hogy mibe ring,
a kinyilt szerelem,
csak szivünk volt, mely lázban égett,
nem volt türelem.

132. AZOKAT...

Azokat a görcsös kezeket,
Azokat a kidülledt ereket,
Amelyek szerszámot kezelnek,
Azokat csodálom.

Azokat a komoly fejeket,
Azokat a figyelö szemeket,
Amellyek ujjat keresnek,
Azokat csodálom.

Azokat a karvaly kezeket,
Azokat a happoló szenteket,
Amelyek mindig szereznek,
azokat utálom.

Azokat a ravasz fejeket,
azokat a sunyi szemeket,
amelyek mindig kevernek,
azokat utálom.

133. KALMÁR LELKÜ...

Kalmárlelkü prófétéktol,
nem jöhet jó semmi.
Kalmarlelkü prófétákra,
rálehet fizetni.

Kalmárszivbe nincs szeretet,
csak számitás fészkel.
Nem törödik emberséggel,
hazával, csak a pénzzel.

134. AMI ITT...

Ami itt megy tiszta röhej.
Kapitalisták élnek szocializmus
Lehetöségeivel.

Ami itt megy tiszta röhej.
Kommunizmust épitenek kapitalizmus
Eszközeivel.

135. EZ AZ ORSZÁG...

Ez az ország nem veszett el,
ez az ország él és mozog.
Ebben az országban
Leghivebbek a magyarok.

Ez az ország mindig bátor,
ez az ország tetre kész.
Ebben az országban
Nem veszett ki az emberség.

136. VALAMI SZÉPET

Valami szépet,
Valami nagyon szépet
szeretnék;
Amibe benne van
Minden ami jó
Emberség.
Valami jót,
Valami nagyon jót
szeretnék;
Amibe benne van
Minden ami szép
Gyöngedség!
Valami igazat
Valami nagyon igazat
szeretnék,
Amibe benne van
Igazság, jóság
és a szép

137. DAC

Annakidején a fenekemre,
nyolcat vertek.
Megse moccantam, hogy
Megfeleljek.
Azóta lelkembe már,
sokszor vágtak;

Szemébe röhögtem az
Aljas világnak.
És mindezt velem azért tették,
hogy testem, lelkem
meggyötörjék.
De álltam én mindig
a sarat,
Lelkemre szenny,
Nem is tapadt !

138. AZ ÓRIÁS

Leteper a saját kezed,
Mert más ki birhatna veled?
Millió karoddal téped szét,
Az egységes erö tömegét.

Vonagló vad csürés csavarás,
Megtöri reményed minden sugarát,
Téped, szaggatod mardosod magad,
Összekuszálva életvonaladat!

Törnek neked mandragórát
Bolondgombát, nadragulyát
Ezt átkötik rózsaszin szalagok,
Azt hiszik mindezt bekapod?

A méreg hatása óriási nagy,
Megreszket bele, bomlik az agy.
De a megszédült megtört óriás,
Felordit egyszer : nincs tovább!

A legyöngült betegtest, feláll,
Nem hajlong, nem kúszik tovább.
Szoritó marka nem magába kap,
Megalkuvót, széditöt, árulót ragad.

A világon mindenüt szerteszét,
Egyerö, akarat, mozgatja tömegét,
A megértés sugara hatja át,
A felemelkedett, megtisztult óriást.

1972

139. ÉLETFUTAM…/ grádics /

Az egész élet rangsorolásokból áll.
Hogy ki kinek és miért szalutál!
Hol kezdödik a sor és merre van vége,
Ki marad lent és ki fut fel az égre.

És járják, járják a nagy vitustáncot,
Mindenki másra rakná a láncot.
Szakadatlan és végtelen ez az áradat,
Mely egyre csak feljebb, a csúcs felé halad.

A nagy rohanásba arra kell vigyázni,
Nehogy megelözzön a polcokon bárki.
Mert akit az élet skatulyájába rak,
Lehet, hogy ezután örökre ott ragad.

A kocsit és a lovakat jól kell ám kezelni,
A gyeplöt a kézböl ki ne vegye senki!
Mert a volán mellett és a bakon ülve
Egészen másként látni ám a zürbe.

Minden pillanatnak meg is van a rangja
De ezt csak az tudja aki igy akarja!
Mit tudhatná ezt a szegény pára,
Aki vakká téve járkál e villágba?

Node hova – hova és ki tudja meddig
Futtatják a sorsot a nagyranött senkik.
És mikor lesz úrrá a bölccs akarat,
Mely az embernek, Ember rangot ad?

1971.XII.25

140. VELED...

Találkoztam Veled,
Reményeim hajósával,
Ki a vasfolyón is átevezetett,
Bár millió lánggal égtem,
Átfogott és elégni
Nemengedett.

Hajnal gyult szivemben,
Mint egy atom mágja,
Hevülö mámornak,
Izzó sugarába.
Száguldoztunk,
/ ezt senki sem látta /
Csak te meg én,
A szelid homályba.

Most menni készülsz,
És én nem tartalak.
Elvisz a holnap,
De minden itt marad.
Ami szép és nemes,
Szemünkben visszafénylik.
Álmainkat is egyszer
Visszakérik.
1970.marcius

141. AZ EMBER ÉRTÉKE !

A javak elosztása
A világ vajudása.
A javak elosztása,
hej !
A javak elosztása
A világ vajudása !

A terhek viselése,
Az érték mérése !
A terhek viselése ?-
hej !
A terhek viselése,
Az érték mérése !

A becsület értéke,
A szellem mértéke.
A becsület értéke?-
hej !
A becsület értéke,
A szellem mértéke!

Az iga vonása
Az ember adása.
Az iga vonása?-
hej!

Az iga vonása,
az ember adása!

A tisztesség mértéke
Az ember érzése.
A tisztesség mértéke ?-
hej !
A tisztességmértéke,
Az ember értéke !

1976 VI.3

142. KI TUDJA ?

Merre tartunk
Hová megyünk ?
Meddig futja az
Életünk ?
Elérünk-e valah´ra,
Az életünk ablakába ?

143. MIKOR...

Mikor mérik
A szivemet,
Mennyi benne
A szeretet ?
Meddig fogja
át a karom,
Akit szivem
Szeret nagyon ?

144. HAZUGSÁGOK...

Hazugságok özönében
Hazugnak kell lenni.
Félredobott örömöket
Össze kell majd szedni.

Hunzutsággal összetákolt,
légvárak nem állnak,
Tisztaszivü boldogságtól,
elszáll minden bánat.

145. PETŐFIHEZ...

Hej Sándor!
De nagy már a mámor
Kihasitott oldalad alatt.
Pedig Te sirtad az igazságot
Fénybelökted a gazságot
És hazádért halltál.
Nem a pénzért adtad az irhád
De a pokhasuak magukra huzták
A tisztaszivü tekintetet.
Csillagfényed nem süthetett
Mert szöröskeblü kalmár kezek
Álmaidat összegyurták.
Azota az ég ha félregyullad
Sunnyfejek összebujnak
Pénzért
Hej Sándor!

146. AMIKOR…

Amikor mi elindultunk
Ködös volt a reggel,
de a szivünk tiszta szivünk,
tele reménységgel.

Ki is nyillott minden virág,
A lelkünkben bátran,
teleszortunk minden utat,
zugo vihar árban.

Amikor mi tovább léptünk,
már kisért az árnyék,
hogy a tiszta valóságból,
nagy ködökké váljék.

Nagy reménnyel sokat vártunk,
hittünk igazságba,
nem gondoltunk, hogy másoknak,
elénk lép a lába.

A mi sorsunk olyan sors,
mely áldozatot termel,
de a szivünk munkás szivünk,
tele türelemmel.

147. KÉTSÉGEK...

Szörnyü zür-zavar van
Az emberi fejekben.
Hitet az Istennek,
vagy anyagnak tegyen.

A lélek léte is,
Kétséges világ,
Általában érdekeknek
Megfelelöen adják.

A sok szédités közt
Mit tegyen az ember,
hogy hite megmaradjon
Istenben emberben.

148. IDE FIGYELJETEK…

Ide figyeljetek Magyarok
Hol vagytok ha vagytok ?
Csak vagytok vagy-
Jol vagytok?
Hazafiak-hazátlanok,
Tiétek a haza?
Vagy más bitorolja?
Megmondanám,
De nem biztos, hogy
Jol tudom.

149. OLYKOR...

Olykor éltem én az életet,
Mikor a hazugok annyian voltak,
Hogy szóhozjutni nem lehetet.
Hazaárulók rémisztgettek a honban,
És lapulva élt a tisztaszivü.
Magyarnak lenni nem volt öröm.
A kozmopoliták uralták a mezönyt,
karuk átnyult minden nemzet felett.
A verthadak nyögték terhüket
Amit rájuk raktak a gyöztesek.
Voltak nagy költök kik hazugságból éltek,
Elfelejtették, hogy mi a küldetés:
Harcolni az örök tiszta becsületért.

150. ÚJ GAZDAGOK…

A fejesek Budára hajtanak.
A sok fejes Budára hajt,
Minden forgásra kész,
hogy odafenn a hegytetön,
biztositja helyét.
Nem hösök ök
Nem férfiak,
De jo kapaszkodok.

151. MEGUJULÁS

Május ! Május !
Te böszen romboló,
elhaló életet,
mélybe taposó.
Hetyke füttyentésü
Sugárzó vig kamasz.
Feltörö képzelet,
égre fényt fakaszt.

152. HATÁSOK...

Kulinak kul a környezete.
Nem Rozsadomb Passarét,
A füstös gyárak tövében,
nem virul rozsa, margarét.

A levegö sem olyan tiszta
Mint ott fenn a szép hegyen,
De! Az alkoto kezekben,
A legtisztább költészet terem.

Beszélhetnek vakvilágnak
Fröcskölhetik szét a szavakat,
Álombagyürt gondolatnak,
Nem állithatnak partokat.

153. KÉRDÉSEK...

Kérdések kérdése az lehet,
Mivégböl lettünk mi emberek?
Meddig terjedhet töllünk a világ,
Amit csak részben tekinthetünk át?

Kel-e hinnünk és tudni mit lehet?
Mit bir a tudás és mit a képzelet?
Lessz-e feltámadás nagy ködök közül?
Mi az mitöl az ember mégis üdvözül?

154. MAGYAR LÉLEK...

Valami titok leng,
mélységes nagy kelet.
Szemet árnyékoló
Istent mért képzelet.
Patadobbantásu szilaj
Nagy fájdalom,
Minden égre lobban
Elcsukló vigalom.
Kobor szoritású,
Vad acsarkodás,
Feneketlen mélység,
Feldobja önmagát.
Bentrekedt látomás,
mely körbe nem tekint,
nem sajnál áldozni,
bármiféle kint.
Igy méri az eget,
melyre fel se néz,
percre mért lobbanás
száguld mint a vész!

155. MULO ÉVEK...

Muló évek szálló percek,
Jajj de sokszor visszatérnek.
Valamiért megidéznek,
Elfelejtett bús emlékek.

156. MAGYAR SORS…

Egy görcs vagyok,
Egy néma akarat.
Összegubancolva
Nézem magamat.
Nem hajlok tévedésre
Sohasem.
Bárhogy szeretné,
az okos idegen.
Hadd gubozzon csak,
Törje nyuzza ö magát
Könnyü utja nem
Vezethet rajtam át.
Tudom miért lettem
És miért vagyok.
Számomra is ragyognak,
Látott csillagok.
Az utamon is
Végig megyek.
Minden reggel
Ujnak ébredek.

Én nem a kitenyésztettek szemével nézek,
nekem a természet adott eröt,
hogy a céltudatos szövevényböl,
kivezessem az eltévelygöt.

A sorstol arra itélt vagyok,
Hogy tágitsam a szemeket,
És kusza igéretek helyett,
Megfogjam a munkás kezeket.
Én nem engedhetek a mának,
Nekem az öröklét sugara kell,
Mert az ember élet arra itéltetett,
Hogy kapaszkodjon a csucsokra fel.

157. ÁLMOKAT…

Álmokat higyjünk
Vagy valoságot?
Hitet keresünk
Vagy igazságot.

Hova visz a létünk,
az ut merre megy?
Akárkit kérdezel,
Ki mondja meg ?

Mi munkások nem cimet és
rangot akarunk.
Nekünk erre semmi szükségünk.
Emberméltoságot követelünk;
munkánk után járó megbecsülést.
Nem akarunk a mindig belölünk
Élök, kegyeire várni; több kell.
Az álltalunk termelt javak arányos
Részét, a kiszolgáltatottság megszüntetését
Akarjuk. Célunk a szabad élet.

158. ITÉLET...

A vakarodzáson tullépni nem lehet,
ha kapálás megöli a perceket.
Hiába nyillik a lelkünkben szép virág;
ha nincs idö mely létrehozza illatát.

159. VANNAK...

Vannak hamis próféták,
Kik fennen hirdetik:
a Kánaán már itten létezik.
Pedig ami itt van,
az nem kánaán.
Itt csak az igéretnek
Igéret földje van.

160. AMIKOR...

Amikor a világ keletkezett
Nem voltak urak és szolgák,
Csak az örök Teremtö létezett
Ö adta meg mindennek dolgát.

Mikor majd eljut a világ odáig,
Hogy nem tür mar nyügöt a nyakán,
megrázza vállait bátran, hevesen,
lehull rólla minden zsivány.

161. VAN HITEM...

Erös vagyok mert van hitem,
Hiszem, hogy az élet örök.
Sem kezdete, sem vége nincs,
hid mellyen minden élö átdöcög.

Gyenge vagyok mert félek,
Hogyha a hid közepére érek
Elfelejtek minden hitet :
Nem elöre hanem vissza lépek.

162. BÁTRAN...

Bátran és egyértelmüen
Vald munkásnak magadat.
Akik belöled élnek,
Szégyeljék azok magukat.

163. ÚJ BURZSUJOK...

Nekik már semmi se szent,
és semmi sem elég.
Ellepnek ök mindent,
mint guannó és szemét.

Össze happoltak már,
Sok jó drága dolgot.
Jelszavuk: Evoé!
De one ám robor.

Ezt mind tehetik,
vidám hahotával.
Eggyüt menetelnek,
jo demokratákkal.

Nem kell ám már félni,
megvan rá a séma.
Nem luxus az auto,
és hozzá a villa.

Lakás is szép legyen,
De nem ám akárhol.
Lehetöleg távol a munkás szagától.

Mert büdös a proli,
Mindenbe beles.
Ami neki nincsen,
Arra már kicsinyes.

Fent a hegy tetején,
Jo szelek szállnak.
Igen jó kis helyek,
burzsuj tanyáknak.

Evoé, szent sziget,
létünk ujra élled.
Mi már nem sajnáljuk,
dicsérjük a Népet.

1973.március 31

164. ÚJ HITTEL...

Ne hitesd el magaddal,
hogy nem vagy jobb mint
akik a kalitkádat zárják.
Ne akard megérteni azok
Elaljasult világát.

Ne hidd, hogy a kulcszörgetés,
Biztonságbol fakad.
Zárral nem lehet megoldani,
de még kirekeszteni sem
a szabadság vágyakat.

Figyelmeztetlek benneteket,
A játék már nem babra megy.
Élet-halálra szól a küzdelem,
A zárakat kell feltörni,
Hogy az ember szabad legyen.

Piciny vágyak sohaja: ruha és lakás.
Vagy négykerekes fulladó rohanás.
Eladva minden szép hitet,
mely emberi értékhez vezet.
Szabadságért küzdö épülö nemzetet.

165. AZ A SZABADSÁG...

Az én szivem fáj és izgatott
Magyar vagyok.
Sok éve már, hogy igy vagyok
Munkás vagyok.
Meddig fáj még a mellemben,
A szivem, a kegyetlen?

166. HARÁCSOLOK...

Haladzsátok és happolástok,
Már undoritó mocsáraá dagadt.
Nem hiszi senki sem a beigért,
megnyugvástokat.
Minden szédítésnek
Hite kell legyen,
tullépni nem lehet,
èlért végeken.
Futnak hamis vágyak,
szédült célokér
meg nem termelt áru
csak halandzsákat ér.
Megfürdött embernek
Lelke ugy marad.
Ragyogtatni miért kell
Alvó napokat?
Ujra dolgozom
Kezemben vésö, kalapács;
Formálni akarom
Az ember hajnalát!

1973

167. A CSOKUNK...

A csokunk, hogy el ne vesszen,
nézz rám minnél kedvesebben.
A lelkünk, hogy eggyütt szálljon,
Értsd meg Te is a világom.

Holnapra már ujra szép lesz,
Eggyüt szállni nagy igénkhez,
Elfeledve sötét búnkat
Mosolyg ránk majd a holnap.

168. ENGEM…

Engem munkások tanitottak,
Akik kemények és harcosoak.
Engem parasztok vezettek,
akik megtartói a nemzetnek.

A munkás kényszere alkotás,
ami nem tür semmi meg alkuvást.
A parasztnak vetni aratni kell,
mert a föld lustaságot nem tür el.

Rajtuk kivül a többi sok más,
Csak sunyin huzodó fondorkodás.
Azt nézik várják, hogy lehet,
Minél jobban menteni börüket.

…mégis mindezek ellenére,
a javak nem futnak kezébe.
Az alkotó társadalomnak,
A javak kéz-közén elsikkadnak.

Ám irnak sok sok elméletet,
Kiket, hogy illet az értéktöbblet.
Hogy a valódi értéket ki fölözi,
Azt az elmélet legtöbbször megkerüli.

169. MINDIG...

Mindig arra törekedetm;
Tiszta legyek a lelkemben.
Lelkem, mely a kezem tükre;
Rossz alkotást nem tükrözne.

Mindig arra törekedtem;
Tiszta legyen mindig kezem.
Kezem, mely a lelkem tükre,
Rossz álmokat nem tükrözne.

170. A KUTYÁK…1974

A kutyák nem azok-
Csak az uszitók.
A bolond is látja,
De mit csináljon
Ha félti a fejét?
Mindig ugy volt,
hogy aki gazt
kiáltott
felemelték a fejét.
Igázni kell a marhát,
Hogy ne legyen ideje
Kérödzködésre,
Mert utánna
Nem adja le a tejet.
Pedig a fejölegények,
Készen állnak,
Arra várnak,
Hogy fejjenek.
Lehetöleg másokat,
Föleg akit lehet.
Kell atej, az élet java,
Azoknak kik nem legeltetnek
Érte.
Hogyha énekelek,
Fütyülni nem szabad
Mert elveszitem a Sajtómat.

171. AZ VAGYOK...

Magyar vagyok,
Nem hangosan kiáltom.
Nem elönyös ez
A hazai tájon.
Jobb ha hallgat,
nem kiabál a magyar.
Megsértödik az idegen
Itt hamar.

172. SZABADNAK LENNI...

Szabadnak lenni nagy dolog.
Mihez mérhetö ez az állapot ?
Mi mutatja meg nekem,
most már szabad életem?

Mig igát huzok csendesen,
Nem piszkál meg senkisem.
Ám ha láncot csörgetnek,
majd kinyomják szememet.

Szabadság csak ott lehet,
Hol szabadon száll a képzelet.
Nem gátolja semmi sem
Ha gondolatom értelem.

173. OH...

Oh rezdülések
És vonzások,
hogy szolnátok
ha tudnátok.

174. SZILÁNKOK

Koronára teszem fejemet,
hogy alatta soha ne legyek.
Szememet nyitom a világra,
hogy bennem legyen világossága!

Szabadság, szabadság!
de furcsa dolog vagy.-
Kinek igy, kinek úgy,
mutogatod meg magad.

Ha többre teszel szert
mint a nagy környezeted,
Már elárulod szennyes
igyekezeted.

Uralkodónak születtem,
igy szolga nem lehetek.
Uralkodnom kell mindig
saját természetem felett.

Minden bájnak szögletében
Van egy keskeny pillanat,
Amikor a szivnek titkát
Megsejteni nem szabad.

175. CSODA CSÜNG...

Csoda csüng a csillagon,
látod én azt is tudom,
hogy a csillag mért ragyog,
mert a szivem hagytam ott.

176. TALÁN...

Talán kellene beszélni másról,
Például az állásfoglalásrol ?
Hogy ki, hogy és mint teszi magát
Miként végzi el a feladatát ?

Vagy arrol is szó eshetne talán,
Van-e közöttünk kapzsi és zsivány?
Hogy megállja-e még a mérleget,
amelyen megmérik majd az érdemet?

OSZTÁLYTUDAT

Osztálytudat ott nö nagyra,
Hol az ember maga szabja
Életének utjait.
Mert akit csak terelgetnek,
die-oda tesznek-vesznek,
Öntudatra sohse jut.

Az igazi vágyvarázsban,
összefogó kézfogásban;
élet fénye felragyog.
Ne higyj sima széditésnek,
Amik mindig csak igérnek
Tiszta célhoz sohse visz.

177. HALLGATÁS

A néma pillanatok minden jajjdulása,
Felfokozott vágyban szunnyadó remény.
Eleven szíveknek ringó lobogása,
Mely tüzet nem gyujtó ködjeiben él !

178. KERESEM…

Keresem, hogy meg lelhessem.
Szabad hitem elvesztetettem.
Nem lelem a lelkem álmát,
Csillagoség furulyását.

Merre menjek, hogy kiáltsak,
Hogy a rácsból kitaláljak.
Fogva viszem szabadságom
Madárröptü boldogságom.

Honnan érnek majd a fények,
Vérembe fult reménységek?
Minden holtnak álmát jjárva
Teszem a lét asztalára.

179. ILYEN ORSZÁG...

Ilyen ország nincsen máshol.
Ilyen ország csak itt lehet.
Ebben az országban van erö és képzelet.
Élünk mint ahogy várni kell mindenkinek,
reményeinket fel nem adjuk semmiért,
mert élni és várni kell valaMIÈRT:

Ránk süt a Nap és néha a Hoöd is talán.
Bár itt a földön járunk néha talán mostohán.
A küzdelmünk igaz, igy ujjul az erö,
Bármily kemény a sors a küzdelem felemelö.
Reményeinket fel nem adjuk semiért,
Mert élni kell és várni kell valamiért.

180. ANNA BÁL 1986

Szol a zene,
All a bál.
Jajj de szép
Az Anna bál.
Frakkban van a
Fiu máma,
rágogumit
rág a szája.
Áll a bál,
Rág a száj,
Anna bál:
jajj de kár.

181. MIT ÉR...

Mit ér az olyan szerelem,
mely nem vergödött soha vágyba,
hanem csak megoldásba.
Ahol nem volt ártatlan pillanat,
mely szent csodának utat ad.

182. O EMBER...

O ember ha tudnád, veled hogyan bánnak,
volna föd összefogni az eröt,
Neki mennél a világnak,
Megráznád ezt az Idöt.

1978.

183. MEA CULPA...

Bünösök vagyunk,
Mindenkinél bünösebbek,
Élni akarunk !
Jovátenni büneinket.
Bünös az aki felett
Itélkezhetnek?
Porba heverünk
Jajj a legyözötteknek.
Bünös az aki felett
Itélkezhetnek.
Jajj a hatalmasoknak
Jajj a legyözötteknek.

184. EMLÉKSZEL...

Akkor ott a csillagok alatt,
Mikor a szépröl elmélkedtünk,
Nem volt bennünk semmi indulat.
Igaz!
Én az arcodat néztem,
mellyen minden vágyad
égre ragyogott.

185. NEM SZABAD…

Nem szabad felejteni,
Mert felejteni nem szabad.
Emlékeinkben idézni kell,
a megkinlódott sarcokat.

Egy nemzet mondott nemet,
Hitében megcsalatva.
Hazug próféták maszlagait,
A szemétre fére dobva.

186. NEM MINDEGY…

Nem mindegy, hogy mi a nóta
Nem mindegy, hogy kinek huzzák.
Nem mindegy, hogy hogyan huzzák ;
Azt a notát, azt a notát.

187. MUNKAMEGOSZTÀS

A gyengék dolgoznak.
Az erösek uralkodnak.
A gyávák lapulnak.
A bátrak meghalnak.

188. KÉZ ÉS LAPÁT…

Kéz és lapát nélkül mire menne a világ ?
Hiába volna minden remek álmodás.
Hisz foglalkoztathatja sok csoda fejet.
Kéz és lapát nélkül semmire nem mehet.

Kéz és lapát nélkül, mi készülne el ?
Hisz nincs tevékenység mibe nem szerepel.
A gondolatnak megvalositásánál,
mindent a kéz és a lapát csinál.

189. KÖRBE…

Körbe állunk, körbe járunk.
Körbe fogott a világunk.
A körben a körön belül,
minden körre uj kör feszül.

Minden körnek közepébe,
megáll a pont körbe szöve.
Áll de forog minde pontja,
az egészet körbe vonja.

190. EZ A VILÁG…

Ez a világ olyan világ,
Amely segitségért kiált.
Rajta ül a piszkos átok,
Befon minden tisztaságot.

A becsület itt nem számit,
Az a jo ki mindig kábit.
De a tisztességes szándék,
Utat nemtalál itt már rég.

191. ÚRIEMBEREK...

Fecsegnek,
Szinházat csinálnak
Mindenhova eljárnak.
Poltizálnak /
Van miért.
Jó az összeköttetésük,
Konspirálnak.
A legfontosabb lényeg,
Hogy az élet könnyü legyen.
Már nem várnak csodát
Kiismerik a demokrátiát,
jól élnek vele, söt belöle.
...és szozialismust
oktatnak a munkásoknak,
hiszen azok tudatlanok.
Azok csak arra jok,
Hogy huzzák a szekeret,
Amin ök ülnek.
Higyjék csak, hogy ök uralkodnak.
A diplomások bárhonnan jöttek,
egybe nönek-uriemberek.
Minek megijedni,
a komonizmustol?
Hol van az még?
Fö, hogy kinek kezében
A kötöfék...azt aztán fogják.

192. IGAZSÁG...

Az igazságot ha keresed,
Tedd azt tiszta szivvel.
Meg mutatja majd neked,
Mikor merre székel.

Háromféle gondolatot
Kell majd egybe füzni.
Az igazság nem egyszerü,
jól ki kell betüzni.

Reálisan ha keresed,
eröt adva rája:
Beteljesül az erösnek,
minden igazsága.

Relative az igazat,
gyorsan megtalálja,
aki mindig ugy forgat,
ahogy érdeke kivánja.

Az igazság akkor tiszta,
abszulutott véve.
Ha mindenki megeggyezik
Egyességre lépve.

193. ÁM HULLJON...

Ám hulljon a virág ha
Nyilni már nem képes.
Ám muljon a világ ha
Életre nem kényes.

Tán arra született a gondolat
Hogyan pusztitsa a másikat?
Ha arra ösztökél az akarat
Hogyan nyomhatja el a másikat.
1978 április 19

194. EUROPA...

Születöben Europa,
e kivénhedt földdarab.
Ujszülötti minöségben,
most mutasd meg önmagad.

Bölcsödnek a készitése,
ugytetszik már jol halad.
A horizont tágitáshoz,
le kell lökni sok falat.

Dajkáid még acsarkodnak,
a rokonság összenéz.
Aggodoan azt figyelik,
sirás lessz vagy nevetés.

Nem volt könnyü összehozni,
a rokoni sereget,
hogy a bölcsö erös legyen,
ne törja szét gyülölet.

195. VANNAK AKIK...

Vannak akik...és
Vannak akik! És
Mindig vannak akik.
Ès miért ne legyenek,
Ha lehetnek ?

196. ÚJ JÖVENDÖ...

Üdvözöllek ifju hajnal,
Vén tüzeknek melegén.
Érkezésed mindig ujjult,
szépreménnyel várom én.

Minden kicsi boldogságtól,
gyuljon fel a képzelet.
Ne fogyjon ki a szivünkböl,
Sohase a szeretet.

Szemünk fénye felragyogjon,
Minden gonoszt járjon át,
hamissággal ne vegye el
amit kezünk megcsinált.

Kemény kezünk fogja össze
Minden ármány fonalát,
ne riassza soha többé,
a világunk nyugalmát.

Üdvözöllek ifju ábránd,
Izmos, erös uj remény,
Amig élünk ne fogyjon,
Joért vivott szép erény.

197. KOVÁCSOK…

Kis kovácsok kalapálják,
Az életnek kerekét.
Nagy kovácsok elguritják,
A világba szerte szét.

Csináld kovács a kereket,
Igy készül a haladás,
Az alkotó kezek között
Nem állhat a lustaság.

198. HA MÉRNI...

Ha mérni tudám a végtelent,
az idövel eggyüt haladhatnék,
nem lenne bennem véletlen,
minden álmomban megujulnék.

Ha tudni lehetne mért hazudták,
hogy Krisztus Isten fia volt;
az emberiséget nem csufolnák,
és nem állna közéjük egy holt.

199. HA MÁR...

Ha már léptél eggyet a világba,
azt akarod, hogy mindenki lássa,
az óriási tettedet-
amit megismételni nem lehet.

Várod remegve, várod epedve,
hogy felrepitsen az egekbe.
Ha nem sikerül a landolásod,
megveted a világot: kimullásod.

1978 április 19

200. ÁLOMBA…

Álomba bujva busködü lepedön,
Befordult szemekkel figyelek keresön.
Szigoru szoritás fogja a kezemet,
harmatos haragú kipilledt szivemet.

201. INDULATOK...

Honnan indulnak a gyökerek,
Hogy végül fávvá nöjjenek?
Megmérve tán a végtelent,
Mely mindent ujra megteremt.

Ám kezdve megint uj csodát,
A végét kezdi ujra hát.
És mire célhoz ér a vágy,
Semmit sem adva megy tovább.

202. CSAK BORZOLJÁK...

Nem a spekulátorok tartják a világot,
Ök csak borzolják.
A kéz k'z munkálya fejethajtva,
Viszi a boldogulás felé.
Hogy kirügyezzen minden ág (és)
Kinyiljon a bezárt világ.

203. HITÜNK...

Olyan nyavajával hintettek be minket,
Hogy ne tudjunk hinni igazán a hitnek.
Mert miröl is szolhat az igazi tudatlanság,
Hogy örök életü vagy megválthato-e a világ.

A szemünkbe feszitették a megválto keresztet
Mely szenvedélyével egymásnak kerget.
Mert miröl is tudna feszülni a világ,
Ha nem volna hite; mely örök'életre vágy.

204. KIRÁLYOK...

Királyok, Herzegek, Grofok,
nem fordult fel a világ,
alig mult el pár évtized,
s állnak a paloták.

205. HOVÁ...

Hová szaladt már az álom,
Mely szép hitet engedett ?
Hová süllyedt az a szándék,
mely egy vájut hirdetett?

Hová lett az igért mezö,
a békességre hivo táj ?
Hol van már a lélek vágya
Békés szép élet után ?

206. TUDOD...

Tudod mit
Nevessünk egy kicsit.
Probálj meg nevetni,
Csak ugy csendesen.
Gondolj valami szépet
Amitöl felderülsz.
Már mosolyogsz.
Na.-na még egyszer
Fény égjen szemedben.
Hisz ez csodás,
Olyan mint egy álmodás.
Már nyillik a rozsa,
A szád édes csokra.
Mosolyogj nevess,
Az életed szebb lesz.
Már a lelkedben
Háborgás nincsen,
Az élet csodálatos.

207. NEM AZÉRT...

Nem azért ültem a siromra,
hogy eltemessenek
hanem, hogy megfejtsem
alant még mi lehet.

208. A HÁBORU...

A háboru kitört.
Háboru van.
Háboru volt.
Miért? Kiért?
Kik csinálták?
Miért csinálták?
Kik akarták?
Mi volt elötte?
Mi lett utánna?
Kinek volt haszna?
Ki veszitett rajta?
Hogy csinálták?
Gyülöletböl?
Számitásbol?
Nyereségböl?
Félelemböl?
Szabadságért?
Elnyomásért?
Mi lett belöle?
Béke?
Háboru?
Háboru volt!
Háboru van! És...
A pokok akik,
a hálot fonják,

bele akadnak?

209. TARTOD-E...

Tartod-e még magyarságod,
Nemzetléted O honom ?
Csilagok közt égtörön,
tisztafénü homlokon.
Tudsz-e türni szenvedéllyel,
hit nélkül is ha muszály?
Feltámadni halott porbol,
Ha azt hiszik elbuktál.

Kell, hogy legyen annyi erö,
Ami most is felemel.
Ösapáink tüzes vére,
Ereidböl nem folyt el.

Most még csendes hallgatással
Gyüjts a sorsbol ujeröt.
Fiaidnak vas szorgalma,
Meghozza a vig jövöt.

Egyszer aztán ujra fénnyel,
ragyogással majd felállsz.
Bölcsnyugaalmu ujjongással,
Megnyillik a szabadság.

Haza lesz és ujra nemzet,
nem ül itt tort idegen.
Vidám dallos jokedélytöl,
dobog a sziv idebent.

210. NEM VÁRNI...

Ha ránk fagyott is ez az élet,
Ha nem is látjuk mégis mérnek.
Akkor is és talán, ha nincs tovább,
Lépni kell mig jön a megoldás.

Az áldozatot nem kerülni,
Az ellenséget szembe ülni.
Nem bánni ha oda csapnak,
tartani a kart a karnak.

Hálátlannak sosem lenni,
A meg alkuvást el kerülni.
Nem nézni, hogy mit igértek,
De követelni minden szépet.

Ha nincsen is már semmi remény,
És a szivünk árván kemény.
Hitünk porrá nem szakadhat,
Bizvást-bizni lessz szép holnap.

211. ÉRTÉKEK...

Beteges értékitéletekben vergödik a világ.
Van aki Césárnak vagy Istennek képzeli magát.
Felfujja mellét mint egy luftbalon,
Ahhoz képest feje mint utastér a léghajon.

212. EBBEN...

Ebben a kifinomult elferdült világban,
Hol a munka a kéztöl el nemesült,
Nemhiszek a maffiált csodákban,
Kezem az alkoto munkára feszült.

Hol hamis vágyak járják a táncot,
És judások igérnek hunzutul hazát
A kezemben szerszámot tartok,
hirdetve a munka véres jogát.

Ide megvállto sohasem érkezett
Csak igérik mindig a csodát,
Es nevéve szüntelen vissza élve,
a hivö lelkeket rutul becsapják.

213. TITKOS FÉLELEM...

Titkos félelem izgatja a lelkeket.
Kacsintva hirdetik az igazságot.
Cinkos összehajlással nyugtázzák,
A tegnap még megtapsolt igazságot.

Bár látszolag minden rendben van.
Lelkesedésben nincs is nagy hiány
De a terv megvalositása érdekében,
Kevesen nyujtanak kezet a munka oldalán.

A mesemondok is tul sokan vannak,
Magyarázzák hogyan valositsd önmagad,
Mit a jo tanácsikér cserébe kérnek
A termelésben feszidsd meg magad.

214. NEM NEVET…

Nem nevet a magyar,
Nem is mosolyog.
Pedig sorsa mostan
Nem rosszul forog?

Hova lett a kedve,
ki rabolta el?
Hiába kérdezel
Senki nem felel.

Szomoru a magyar,
Sirva sem vigad.
Oda szabadsága,
elvesztette azt.

Minek örülhetne
Szivböl igazán?
Mikor idegen ül,
tort most a hazán.

Nem nevet a magyar,
Nem is mosolyog.
Valahogy az ajkán,
A mosoly megfagyott.

Ne sirj magyar!
Jön majd kikelet.
Amikor a virág,
Ujra virág lessz.

St.Gallen, 1985 április 14

215. OLY OSTOBÁK...

Oly ostobák vagytok emberek,
Hogy öröklétre törtettek.
Az élet örök és nem mullandó
Csak állandoan ujjá változó.

Bármily sorsot dobott ránk az élet,
Szrongatnak bus kemény remények.
Szabadságba vetett hitünk,
Létezésért ne adjuk fel soha.

Hiába hiszi, rollunk az ellen,
nem alkuszunk meg csak testiekben.
Szenvedésünk eröt merit vágyból,
nem rettenünk meg a szoritástól.

Bár békére vágyik minden álmunk,
de nem minden áron kell kivánnunk.
Tenni is kell valamit majd érte,
Hogy szabadság viruljon, elnyomott népre.

St, Gallen, 1985 április 6

216. A SZÓ HATALMA...

Ha szólnak hozzád kedvesen,
vagy suttognak szerelmesen:
a szó hatalma rád terül.

Ha megszólal mint énekem,
végig fut a sziveden:
a szó hatalma benned ül.

St, Gallen 1985

217. AZ ÖRÖK FORRADALOM...

Megszereztem az érettségimet
És már továbblépni nem lehet.
Aki nem tud átlépni
Az ördögi körön
Annak az átjutott
Vissza sem köszön.
Az aki melos lessz
Az befejezte,
befejezte egy életre.
Milyen piszkos aljas
a világ,
akit eltartasz
az köp rád.
Megszerezte az érettségimet,
melos legyek?
Hogy kiröhögjenek
A velem eggyüt indulok,
Akiknek elönyük
És szerencséjük volt.
Aki melos lett
Az befejezte.
Befejezte egy életre.
Hát nem szégyelitek
Szocialisták?

218. AZ ÉRDEKEK...

Általában az érdekek
Irányitják a nézetet.
Érhet valakit intelem,
Nem változtat a nézeten.

Mindig az érdek szabja meg,
hogy milyen is a nézeted.
Hogy lábad merre vigyen
Sok mullik a nézeten.

219. O MÁRIA...

O Mária drága kincs,
aki nem lop annak nincs.
Igy szól most a nemes ének,
Ide jutott ez az élet.

Idézgetik magyarázzák,
Hogy a másét ne kivánják.
A tisztesség már csak álom
Mi vesz eröt e világon.

220. MI A MÉRCE...

Mi a mérce amihez igazodni kell?
Ki a példa akire felfigyelni kell?
Milyen az álom amit álmodni érdemes?
És mi az mi egy dolgot édekessé tesz.

Honnan induljon ki ismeretlen itt?
Melyik az az ut, mely a cél felé elvisz?
Hol kezdödik álom és hol a valoság?
Mitöl lessz egyre szebbé a világ.

1987. IX.

221. HITETLENÜL...

1988április 2

El akarják hitetni velem és Veled,
hogy nincs a magyarban hazaszeretet.
Igy aztán nem is beszélnek rolla,
Mintha tán náz nem is volna.

Nem kérnek fel semmilyen helytállásta,
Ami igaz-hazafi tudatot kivánna.
Nem mozgositnak szinvallás végett,
Tisztázatlanul áll minden magyar érdek.

Pedig virágzik valamilyen sejtelem,
Ami néha eröt venne bágyadt sziveken.
Csakhogy mast mond a száj és mast az agy,
Mert a gondolat még nem elég szabad.

Hiszen becsülni kéne nagyon a hazát,
Összetarto erejével, védje meg fiat.
Mert népböl nemzet másképp nem lehet;
Csak ha összefogják kezek és fejek.

Induljunk mélto igaz harcra hát,
Szivünk mellett munkával is védjük a hazát.
Ez a végsö soron names, szép önvédelem,
Érdekmozgato nagy, nemzet szerelem.

223. AZ A KOR...

De jo, hogy megtapostak !
De jo, hogy megaláztak !
Legalább mgdzödtünk,
általa.

De jo, hogy megcsufoltak !
De jo, hogy bünre adtak !
Legalább keményebbek lettünk ;
általa.

Szép volna eltemetni,
rosszemlék nélkül élni,
hogy sokszor megcsalattunk.
Lelkünkre nem figyeltünk.

Ám mégis kell az emlék,
hogy multunk nefeledjék,
...és emlékezzünk az éjszakákra.

224. JÖN-E...

Jön-e még olyan kor, mely elfelejteti
A bünök sötét oceánját?
Felvirad-e még oly hajnalfény,
Mely reménytkeltön ragyog?
Nem célozva senki pusztulását.
Indulhat-e csillagragyogás az égröl,
Mely világosságot lövel a fejekbe?
A békéröl zengö harsonák;
Nemcsak álmokat zenélnek /de/
Áldásként érkeznek figyelö fülekbe.

1988 május 4

225. EUROPA…

Születöben Europa,
e megujjuló földdarab.
Ujszülötti eröpróbán,
most mutasd fel önmagad.

Bölcsödnek a készitése,
ugytetszik már jól halad.
A horizont tágitáshoz,
le kell lökni sok falat.

Dajkáid még tanakodnak,
a rokonság összenéz.
Aggodóan azt figyelik;
sirás lessz vagy nevetés?

Nem volt könnyü összehozni,
a széthuzó sereget,
hogy a bölcsö erös legyen,
ne törja szét gyülölet.

Kell, hogy siker koronázza,
ezt a nemes törekvést.
Ha mindenki ugy akarja ;
barát lessz az ellenség !

226. Ó, A JÁTÉK...

Ó, a játék ! Ó, a játék !
Az egy csodás nagy ajándék.
Minden perce, minden cseppje,
Tiszta derü a szivekre.

Csókos álom huncut móka
Harsány kedvre derült szóba.
Szellemvilág aranyszálon,
Kifog sok-sok balgaságon.

Gyermekderü kedves-kedve,
Talányos-fény a lelkekre.
Boldog álom titkos vágya.
Mintha tán az Isten járna.

Víg kacagás édes móka,
gyöngypatakból kikelt rózsa.
Mint mikor egy arany-gyermek,
Süveggel int az Istennek.

1980.

227. BIZALOM...

Hitet kéne adni,
az elveszett helyett.
Bizalom-épitö, nyilt
cselekedetet.

Amitöl a remény,
tisztán felragyog ;
Nem takarja árnyék,
a felkelö napot!

228. GENF, 1985 !

Abban merül ki az életünk,
állandóan nyugatra tekintünk.
Onnan várjuk mindig a vigaszt,
bár hivatalosan elitéljük azt.

Szép is volna akkor a világ,
ha nem másoktol várnánk a csodát.
Tiszta volna minden értelem,
nem rettentne fortély, félelem.

Lehet, hogy a béke nagy álom,
nem lessz urrá majd a világon.
Minden szivben kell az a varázs:
béke nélkül, nincsen szabadság!

Megérhetné végre az erös,
ne a gyengén probáljon eröt.
Gyözze öt is meg az igazság :
Zsarnok-kézböl nincsen szabadság !

St.Gallen, 1985.IV.3.

229. ODISSZEA...

Egy vagy vele az örök szerelemmel,
a meg nem alkuvóhüséggel vággyal.
Mely minden kisértésen és veszélyen át,
célhoz vezeti akarva-hivö hajósát.

Lehet az ellen bármilyen erös.
Üzheti ellened fortélyos játékait.
Az otthonodba vetett hited ellen:
célhoz nem vezetheti sötét vágyait.

Hisz minden ember életében,
a vágyakozás a legnagyobb erö,
amit nemlankado szerelemmel
végül is megkaphat elérhet Ö.

230. MÁR AKKOR...

Már akkor fütyültem,
mikor mások tapsoltak.
Lelkem hurjain idegen kezek,
dallamot nem csaltak!

Bár feltört bennem a vágy,
uj dalt énekelni.
Vártam, hogy merre vihet-
e kétes biztatás.
Nehéz volt figyelni
és menekiteni magam.
Rengeteg volt a széditö hatás.
A ködfelhök közegén,
fortélyosan derengett,
némi ragyogás.

Hová fordulhatott a lélek,
hogy ne csalják uj remények,
és tiszta legyen a forrás ?

St.Gallen 1985

231. MIÉRT VAN...

Miért van a virágnak illata ?
Miért énekel a kis madár?
Miért vagyunk mi emberek,
ha minden-minden messe száll?

St.Gallen, 1985

232. PÁRIZS...

Boon jur Madam !
Boon jur Mössziö!
Silvu ply,
Dö kaffé, Sans Elysé,
Párizs ! Párizs ! Párizs !
Te csodás nagy embervicinális.
Te tékozló, nagykedvü életvirulás.
Hajnali hangulat
és esti gyertyafény.
Ott virul
Mindkettö,
a szived helyén.
Párizs ! Párizs ! Párizs !
Boon jur Madam !
Boon jur Mössziö!
Silvu ply,
Dö kaffé, Sans Elysé,
Párizs ! Párizs ! Párizs !

Párizs, 1977 április 13

233. KEDVESEM...

Tudod, Kedvesem !
Most, hogy már
ilyen öreg lettem,
még érzem
egész lényemben,
a fiatal tested,
gyönyörü tüzét.

Hisz hullnak már
ránk, fekete árnyak,
nem gyulnak szivünkben
tikkaszto vágyak.
De szerelmünk,
s emléke
Örökké kisér!

St.Gallen, 1985

224. EGY HAZÁBAN...

Millio szál fonódik itt egybe,
S fon rejtelmes hálót a nemzettestre.
Mert itt nemcsak magyarok élnek,
Beépülnek közéjük, nemzetiségek.

Egy hazában ha tetszik vagy nem,
Élünk összezárva egy haza keblében.
Igaz, környezetünk se másmilyen,
Ott mi épülünk be mások keretében.

Meg kell látni és fel kell érni azt,
Minden ösz tartogat egy uj tavaszt.
Bármily zord is a tél a kettö között,
a természet eröi gyöznek mindenek fölött.

Riogathat bár sok sötét képzelet,
A nemzet élni fog, mert sorsa éppen ez.
Hogy által jutva sok-sok szégyen,
kitisztuljon a lég és szünjön félelem!

St.Gallen, 1985

225. A KÖRBE...

Betörni a körbe, kivülröl tul nehéz.
Betörni a körbe, mely belüröl zárt egész.
Ha betörsz a körbe, sorsod mi lehet?
Élni kell a körbezárt köri életet.

Mert ha végül csak egy körhöz tartozol,
a kör szabálya mozgat minden dolgodon.
Még ha feleled is a kör-korlátokat,
a körbefont érzés, örökké megmarad.

1987.

226. NEMZETI FOHÁSZ...

Isten, mi kérünk hozz ránk vig napot!
Mi szólunk hozzád, vérzö magyarok.
Isten! Te láto bennünk jellemünk,
Tefeléd bátran néz a két szemünk.

Ne hagyd el népünk, hogyha baja mar,
ezt kéri Tölled sok millió magyar.
Száz gonosznak ellent álltunk sok napon,
védtük a Neved véres hajnalon.

Nincs nekünk aki segit küzdenünk,
Tebenned bizunk féltö Istenünk.
Hittel hiven szól hozsanna Feléd;
Áld meg a magyart, most is Téged véd!

227. HITTEL…

Mikor kedved fénnyel éget,
Nekeresd a lényeget.
Szépség talányos varázsa,
Megszépiti életed.

Hajnalfényböl ragyogásba,
Hogyha indulsz ne feledd:
Uj világot teremteni
Csakis békében lehet.

Álmothajtó titkos vágyban,
nagyon sok a félelem.
Ám de mindent el nem érhetsz,
Hiszen nagy a végtelen.

228. ELHAZUDTUK...1988

Elhazudtuk az igazságot ,
Kátyuba futott az az élet.
Megrontottuk a boldogságot,
Nem lehet hinni az igének.

Reménytelenné vált az álom,
Hova futhatunk szépre vágyva?
Mi segithet még-e világon
Ha nem hihetünk az imákba?

Érzéketlenné vált a szivünk,
csak a munka lehetne igaz.
Erröl már egy szót sem ejtünk,
Hisz becsapták a munkásokat.

Mások nyakára rátapostunk,
Törve-zuzva mindenek fölött.
Ravaszkodva, hogy eggyet akarunk,
csak a rohanás lett örök.

Kezetfogva a vágyak utján,
Valahogy meg kell egyszer állni,
Valóságot adni de nem sután,
Az érdekeket is megvizsgálni.

229. AKKOR 56-ban...

Nem a reaktio miatt kelt fel a Nép,
Ha azt hiszitek az nagy-nagy tévedés.
Oka volt rá és mást nem is tehetett,
hogy letaszitsa ráfeszitett piszkos terheket.

Ha azt hiszitek az a nagy-nagy tévedés,
Hogy a reakció mellett kelt fel a Nép.
Tüthetetlen megaláztatások miatt,
Lobbant fel belöle a jogos indulat.

Nem véletlenül és nem végzetként adatott,
Hogy aNép kezébe fegyvert foghatott.
Más választása nem is igen akadt,
lerázni magáról az aljas gazokat.

Minden nép eligedenithetetlen joga,
hogy hazáját erösnek, szabadnak tudja.
Kezébe fegyvert a végsö bánat adhat,
Felszámolni hibás torzult álmokat.

Árulók mindig akadtak e hazában,
ha nem is mutatták ezt ugy igazában.
Az ügy mellé állás megmutatta végre,
ki van a nemzettel, ki bizik a Népbe!

A harz tiszta volt egyoldalról igaz,
aljasságot róla csak hamisság fakaszt.
Eldobta bátran rárott szégyenét,
bizonyitotta, hogy él még és élni kész!

1956-88

230. A KERT...

Ebben a kertben már minden elvadult,
nem szolgálja a belevetett rendet.
Tévelygéseiböl a kertész nem tanult,
hogy alkothatná meg ujra a csendet?

A bokrok nyesegetése már nem elég,
ujra formálásuk senkinek sem kedvez.
Az aggodalmaskodók azt figyelik rég,
hogy a helyén mi maradhat, ha rendes.

A kertet ujra meg kell ásni teljesen,
hogy a gazból a mag éretté ne váljon.
Benne ne tévelyegjen senki idegen,
Hogy régi kertészként uj utat csináljon.

Talán jó a régi nyomdokain járni,
ha van abban mi még követni való.
Ne akarják a pusztulást megvárni,
Ugy kezelni ahogy az, senkinekse jó.

Fel kell ásni a kertet rendesen,
hogy viruljon benne csodás uj remény.
Rózsát, gaz ne nyomhassa el sohasem,
Úgy ujjuljon az ösi televény!
1989 oktober

231. AMIKOR...

Amikor a lélek dala,
megszólal a szivekben,
éltetöen száll a hangja,
áthatolva mindenen.

Ébredezve száll az ének,
áthatolva mindenen,
de csak érzö szivek érzik,
hogy a kétség végtelen.

Nem más kárára vágyódik,
Magába néz szüntelen,
titkos vágyak, hogyha kérdik,
boldog lessz-e életem?

Változásban ujjat adni
Soha nem tévedni el,
reménységböl valót szöni,
ha hited van indulj el!

232. VOLT EGY VILÁG...

Volt egy világ. Igért világ,
Az emberek elrontották.
Igéretnek földje helyett,
Sirhalmokat rejtegettek.

Sötét álmok sugalatát,
Gyakorlatban bemutatták.
Rá teritettök a leplet,
Alatta sem kedveskedtek.

A barbárság sötét fátylát,
mint megváltást lobogtatták.
Félelemre épült vágyak,
majd mindenkit megaláztak.

Reménytelen szük világba,
botorkált sok ember lába.
Nem derengett sehol se fény,
a tisztesség sem volt erény.

Alattomos sugó árnyak,
igaz szépet átformáltak.
Igaz ember tisztasága,
belefulladt a mocsárba.

Igy futott az élet mig nem,
Alámerült a szemétben.
Nem várt csufság lett belöle,
Talán elmerült örökre!

233.SZOCIALISTA VAGYOK...

Hogy sociali a visszaságokon.
Igaz! Nagyon elkoptatta a gyakorlat,
igy tisztán benne hinni nem-szabad.

Mert sokan hitték az egy akól mesét,
csak a vájunál látták, ez tévedés.
Mert hiába hordták össze javakat,
az elosztásnál másként mérték azt.

Való, mindenben egyenlöség nem lehet,
nehéz tisztességesen mérni a terheket.
Ám a javakban miért turkál sandaság?
Csak a bolond nem látja utját, szándékát.

Altató zenének kevés már a hit,
Végsökig feszülö eröt nem segit
A sürü erdötöl nem látni a fát,
a lomb hulást nem akaszthatja a part.

1986

234. MINDENKI...

Mindenki félti a gatyamadzagját,
mert ha az elszakad, leesik a nadrág.
Kopasz fenékkel az ember védtelen,
kiszolgáltatott és nagyon esetlen.

Igy vannak a népek sok-sok esetben,
Rettegnek a fenék csupasz ne legxen.
Csvarják a szijjat derekuk körül,
azt gondolva talán minden sikerül.

235. LENNI...

Lenni vagy nem lenni?
Ez volt rég a kérdés.
Lenin vagy nem Lenin ?
Ez most már a kérdés.

236. EGYSZER CSAK…

Kigyult a szivünk,
Égett a lelkünk.
Végre valahára,
Nemzetté lettünk

Sok-sok hamissággal,
Altattak minket.
Reszketös görcsökbe,
Törték kezeinket.

Ám egyszer egynapon,
Egy isteni szikra;
dacos akaratunk
lángra lobbantotta.

Szilárd elszántsággal,
tépdestük a láncot.
Szivünk minden heve,
szabadságra vágyott.

Volt is eredménye,
Csodálatos pár nap.
Mikor a zsarnokság,
Összetörve kushadt.

Ám a tulerö és
Hatalmas aljasság.
Nem birt elviselni,
Ily isteni csodát.

...,hogy egy kicsi nemzet,
elszánt akarása;
zsarnoki elnyomást,
magárol lerázza.

A kivül szemlélök,
Reszktve figyelték,
Hogy omlik semmivé,
Egy csodálatos kezdet.

Ám a megálmodott,
elnyomott szabadság;
felemeli fejét:
vár egy ujjabb csodát.

237. VALAMIT...

Valamit meg kell válltoztatni,
mert tovább igy nem mehet!
Valamikor el kell ismertetni,
az elkövetett vétkeket!

Valahogy most kell gyakorolni,
A régen vallott önkritikát.
Nem csak Istenre hagyakozni,
hogy megadja a bünök torát.

Aki a hibákat elkövette,
Nem biztos, hogy gonosz alak.
A széles utat elkerülte,
Egy járhatatlan ösvény miatt.

Kisérletezve kart okozni,
talán bárkinek szabad?
A nép jólétét feláldozni,
bünös, könnyelmüfondorlat.

238. ÁRUSITJÁK...

Árusitják a nemzetet,
most is egyfolytában.
Kikiáltok kiabálják;
Igérjenek raja!

Ne sajnálják, hisz már régen,
Aruba van adva.
Csak valami csoda tétel
Segithetne rajta!

239. MIT ÉR...

Mit ér az ember, hogyha magyar,
idegen nyelven, egy szót sem ért?
Élni csak is itthon akar,
Hazaját nem hagyná semmiért.

Mit ér az ember, ha csak Magyar,
És nem nézik itthon semmibe?
Lelkében a bánat zavar,
De nem vigasztalja senki se.

Mit ér az ember, ha még magyar,
nem kacsint idegen föld felé?
A vére felforr, nagyon hamar,
ha hazája idegeneké.

Mit ér az ember,hogyha magyar,
és sorsa csendben folydogál?
Fellázadva veszélyt kavar,
bünösnek mondják ha ellenáll.

1989 március

240. TANULOM...

Most tanulom a leckét,
Amit a történelem feladott.
Recseg minden ereszték,
mit a hamisság megalkotott.

Most álmélkodva látom,
hogy mit hittem sokáig.
Bár ujra megcsodálom,
merre vitt a csalfa hit.

Eldobni minden régit,
Azt egyszerüen nem lehet.
Még a bugdácsolók is érzik,
Hogy igy tovább nem mehet!

241. ELINDULT A NÉP...

Elindult a Nép, elöször csak páran,
Ám de egyre duzzadt, sokasodott bátran.
Nem rettentette már fortélyos félelem,
Itéletét hordta elszántan szivében.

Csendben de dacosan haladt a menet,
Nem volt ott olyan ki hátrálni kezdett.
Nagy volt a tét és veszedelmes eset,
Lehuzni a rémet ki eddig fenyegetett.

Ment-ment mint hömpölygö görcsös akarat,
célirányba dönteni le a falakat.
Meg nem állitotta kétség, rémület,
egymás közelsége fokozta mérgüket.

Menetközben egyre hallatta szavát,
felremegett benne bénitó szolgaság.
Valami folytott dac emelte magasba,
érezve az idöt, hogy : most vagy soha!

Folytatott hurrázások lökték egyre tovább,
levegöben cirkált a fénylö szabadság.
Rettegö félelmek omlottak össze,
álig értett vágyak; hullámán pörögve.

Eggyet biztos tudott a forró sokaság,
Ellátni a gyülölt zsarnokság baját.
Szabadságot, békét országnak népnek,
Legyen véges vége az ilyesztö rémnek.

Elérkezett verge az oriás döbbenet,
Ezrek öntötték el a hatalmas teret.
Ott állt a bálvány a megvetett félelem,
De a felkelök közt nem habozott egy sem.

Kötél a nyakára szoruljon a hurok,
Igy végezze sorsát mindig is a zsarnok.
Lehuzták talpáról, döbbenet közbe,
Darabokra tépték, tünjön el örökre!

1956-89

242. ÁLOM FEJTÉS...

Álomfejtés kedves játék,
Hogyha komolyan veszed.
Ám az álom csalfa szándék,
Ha nem jól értelmezed.

Álmodoznak a népek is,
Hogy a siker nagy legyen.
Árgus szemmel megnéznek is,
Mindent ami szép lepel.

Hitet vesznek, válltogatnak,
A lepel is csalfa tán.
Söprünyélen lovagolnak,
Nem pedig jó paripán.

Az igaz, hogy táltosokat,
Olcsón venni nem lehet,
ám szorgalmas akarókat,
hogyha tudod engedjed.

243. JÖN AZ ÖSZ...

A szép napoknak vége szakadt,
elbujt a jó napsugár.
Jókedvünk is alább szaladt,
Közeleg az ösz is már.

A felhök is alant járnak,
Sötéten mint vészmadár.
Hull a zápor az egekböl,
Issza mohon a határ.

Nyugtot vár az ember lelke,
felzaklató nyár után.
Munkássága eredménye,
zord idökre csürbe már!

244. JÖNNEK...

Jönnek a szép napok,
Millio szép nap.
És mi még nem tudjuk,
milyen lessz a holnap.

Milyen lessz a holnap,
És, hogy élünk benne?
Bár csak egy ujcsoda,
mivelünk ébredne.

Annyi sok szép napnak
Várjuk jövetelét,
Heves természetünk
Ábrándjait netépje szét.

Valoság lessz akkor,
Sok gyönyörü álom.
Jöjjenek szép napok,
Szerte a világon !

1990 március 18

245. MINTHA...

Mintha valami változás készülne.
Mintha elborult volna az ég.
Mintha megváltozott volna körülöttünk a lég.
A csillagok még fönn vannak az égen,
tüzük fénye élesen ragyog. Nem sejtve,
hogy azok, már csak hullo csillagok.

1989 február 23

246. HOLNAP

Berlin 1991 április 21 Holnap ;

Igen, holnap,
talán már
lessz egy másnap,
talán holnap.
De ma még
Ez még elég.
Az idö nem vár,
talán ma már
holnapra vár.
Akiket szeretünk,
elveszithetjük-e?
Ahogy az idö szalad,
megmaradhat-e a
kapcsolat?
Igen! A
kapcsolat?
Ha uj utak
fakadnak.
És hisszük-e
Már ma,
hogy holnapra
várva,
minden megcsendesül
A sziv elmerülA boldogságba.

247. EBBEN A...

Ebben a hazában mi vig magyarok,
sokat nem énekelhettünk.
Hiába torzult kacagásra szánk,
ha éppen akkor csillant meg szemünk.

Nem jajgatásra élünk e hazában;
panaszra nincs is talán okunk?
Jól éltek belölünk vérszivóink,
Nekik köszönhetjük, hogy igy vagyunk.

Elsirattak bennünket már sokszor,
Sirásó lett volna éppen elég.
Ám megadó kinyullás helyett,
Lefogtuk a pusztitó kezét.

Nem velünk tart ki bánatunk adja;
Hamisan nyujtja felénk kezét.
Egyszer gyultunk csak nagy haragra,
mikor nagyon felgyült itt a szemét.

Ideje vollna már söpörni végre,
Tisztázni sok-sok régi bajunk.
Feltámadásunk nem csak igérve,
Hiszen Europáért is áldoztunk !
1990 április 30

250. ÉDES HAZÁM...

Édes hazám, szépek szépe,
én gyönyörü nemzetem.
Örül szivem, hogyha látlak,
dicsöségben, fényesen.

Édes hazám, gyöngyök gyöngye,
megjön majd a kikelet,
amikor a boldog órák
visszaadják hitedet.

251. HOGYHA...

Hogyha kedved fénnyel éget,
Ne keresd a holnapot.
Boldogságod sugárfénye,
Megszépiti bánatod.

Álmothajtó dús varázsban
Nagyon sok a kegyelem.
Valóság lesz majd az álom,
Ha nem győz le a félelem.

1990

252. MAGYARORSZÁG 1991 JANUÁR

Én még mindig hiszek, optimista vagyok,
Nem esek kétségbe, bár a bajok nagyok.
Hittem ötvenhatban tisztán és szüntelen,
Hogy az áldozatok gyümölcse megterem.

Volt itt már csapás és nem is túl kevés,
Ez a nemzet elbirt sokféle szenvedést.
Kevés napragyogott borus homlokára,
De a sanda áldást szembenézve várta.

Hamis prófétákból született ép elég,
Aki terelgette a nemzet szekerét.
Kánaánt igérve lépre csalogatták,
Közben eluszott a remélt szabadság.

Igy tengödött, várva valami csodára,
Hátha igazságfény ragyog a világra.
Nem remélt ébredést hamis biztatásból
Nem nyujthatta kezét se közel se távol.

Belsö ellenség nyögette a sorát,
Elárulták rutúl és hátba támadták.
Befelé fordulva hitét tartogatta,
Feltámadást várva sebét borogatva.

Lassan telt az idö, a keserves évek,
Nyakába ültetett gonos kisértések.
Ki maradhatott itt tiszta és büntelen,
Hagyományos hittel bukni volt kénytelen?

Csalfa csalódásból ébredésre várva,
sugarazta hitét, vakká tett világba.
Felállni gyenge de elbukni képtelen,
emelgette fejét mocsokból szüntelen.

A sok szenvedésnek vissza se köszönve,
nagy reménytöl üzve állt fel a küszöbre.
Üstökét merészen, dacosan megrázta,
fogadjátok jöttöm a szabad világba!

1991 január 16

253. NEM MEGYEK...

Nem megyek közétek,
mert hamis uton jártok.
Sok nálatok a vétek,
És hazudik a szátok.

Olyan ügyhöz hivtok,
Mely a Nép ellen halad.
Nem karolok olyan karba,
mely sötét ügyhöz szabad.

254. VAN EGY...

Van egy pont, amikor már!
Van egy pont, amikor még!
Van egy pont, amikor elég!

Van egy pont, amikor már lehet,
Van egy pont, amikor már kell.
Van egy pont, amikor már hiába!

255. OCSMÁNYOK...

Ocsmányok vagytok,
és kapzsi bitangok.
Már ellopjátok,
az ígért holnapot.

256. A HÓ...

Leesett a hó, a föld fehér bundát öltött,
Álomba borulva szélfúttan nyöszörgött.
Sóhajtásaiban uj remény leledzett,
A sok sötétború, uj fénnyel kesergett.

A nagy fehér csoda, szép álmos valoság,
Belepte a földet mint átkot a kórság.
Rásütött fényektöl százfelé szikrázott,
Zizegö zuzmarák csillámain játszott.

Hajnalra csend borult a meglepett tájra,
Uj zenét komponált varjak károgása.
Fekete vitézek sorba hadra keltek,
Hogy munkát adjanak, dühöngö szeleknek.

Nem imádság dalol a meglepett tájon,
tisztul a fejekben átkos bevitt álom.
Felvirad a reggel gyermek kacagásra,
csodaszép tisztaság borul a világra.

1991. II. 18

257. FOHÁSZ...

Adjon Isten boldogságot,
szép hazámnak szabadságot.
Asjon Isten szép napot,
ha hullnak is a csillagok.

Minden bánat töllem szálljon,
legyen sok-sok jó barátom.
Lelkem gyuljon nagy reményre,
minden rossznak legyen vége!

258. MALÉTER...

Tiszta szivü volt,
mert tudta mérni;
hogy kell ujra lépni.

Emberséges volt,
és bátran igaz,
nem hazudta aszt.

Vakmerö volt,
de tisztán láto;
vagy csodát váro?

Az ellenséget
szembe ülte,
nem kerülte.

Hogy végül is
Egy kicsit tévedett:
A sorsa elöl
Ki nem térhetett!

259. MEGBOCSÁJTÁS...

Bosszura nem szomjazom,
a megért sérelmekért.
Miatta csak egy a vigaszom,
hogy a félelem véget ért.

Reszkessenek most már azok,
Kik nem voltak emberek.
Tisztitsák büneiktöl maguk,
hogy bünbocsánatot nyerjenek.

Nem félelmet hirdetek,
Hisz ebböl már volt elég,
De csak malasztot osztani,
Az már most tul kevés!

260. LEVONULT...

Levonult az ár, elhallgattak a dobok,
Már csak érzöszivek lobogása dohog.
Valami páni félelem fül, lelkek berkiben,
Megvigasztalódást, nem szül senkiben.

Meg bujnak a gazok, bünük terhein,
Lelkük méllyét ássa, kinos ferde kin.
Nem bánat tépi a méllyülö sebet,
Elszámoltatástól féltik a fejet.

Megbocsájtás kéne, ám azt, hogy lehet,
Elfeledni ocsmány, bünös vétkeket?
Orzott javak jogát tovább tartani,
Sok riadt sziv sebét nem gyógyitani?

Megbékélést hoz majd talán a jövö,
A nemzet életében nem lessz temetö.
Felvirágzik benne a nagy akarás,
Elvonul az árnyék, jön egy szebb világ !

1989. julius

261. PUSZTÁN...

Pusztán azért, hogy megmaradjanak az elvek,
Nem kell takargatni az elbukott szerelmet.
Elvetélt elvekböl jó hatás nem fakadhat,
Hiába keresik a hünek hitt társakat.

262. HA FAJTÁD…

Ha fajtád mellett foglalsz állást,
megnézheted magadat.
Ezért bizony nem kapsz áldást,
rázossá teszik utadat.

Ha ugy gondolod ki kell állni,
hogy nemzetednek jobb legyen,
a félelmet kell megformálni,
máskülönben nem megyen.

Ha ugy akarod, hogy a népnek
Szabadságot, békét adjanak,
Búcsut kell mondani a szépnek,
Mert másképp utad nem szabad.

Ha elszaladt a remény töled,
hitedben már nincs erö,
simogasd-e drága földet;
hiszen sohsem hagy el Ö!

263. SZ,-IZMUS...

A világ legnagyobb csalása,
Mit megért az emberiség.
Ma már nem indit csodára,
csak egy elvetélt eretnekség.

Beetették a hiszékenységet,
Mint teszik régota halakkal.
Elringatták az éberséget,

Félelmet sugalo maszlaggal.

Igértek nagy-nagy csodát,
Mannától dus kikeletet.
A nép huzta az igát,
mig a zsarnokságtól szenvedett.

264. FIGYELNI...

Figyelni kell a hüségesekre,
Kik nem inognak jobbra-balra.
Büszkék voltak az elveikre,
Nem ragasztották magukat falra.

A nemzet erejét hü fiai örzik,
Kik nemzetben és népben élnek.
Hazaszeretetet teteikben érzik,
hazáért szenvedve elszántan féltek.

A félelemböl az kapta meg részét,
ki vakon élni akkor sem tudott.
Hiába adta tisztes munka tényét,
elvet változtatni soha nem futott.

Figyelni kell a hüségesekre,
becsületüket kell megbecsülni.
Figyelni nem csak külsöségeikre,
álmaikat se szabad kifütyülni.
1989
u.i.
Emlékezzetek a régi hazugságokra,
nehogy ujjak vegyenek rajtatok eröt.
Emlékezzetek egy megharcolt világra,
nefeledjétek el azt a rut idöt

265. KI A MAGYAR…

Ki a magyar, azt kérdezed,
Felelni rá nehéz eset.
Aki annak vallja magát,
magyarul szól szava hozzád.

Érti nyelvünk azt müveli,
anyja-apja ugy szol neki.
Ez az ország a hazája,
szive érzi, lelke vágyja.

Minden álma, minden vágya,
népét nemzetét szolgálja.
Ha kell az élete árán,
segit a hazája sorsán.

Nem kacsingat más országra,
nem lessz idegen szolgája.
A szivében egy láng éget,
szereti a magyar népet!

266. ÉBREDÜNK...

Igen! Már ébredünk,
és hitünk ujra ébred.
Talán eljutunk odáig,
hogy megértsük a népet.

Sok volt az éjszaka,
nagy ködök jártak.
Hozzánk az álmok is
Csak elszállni jártak.

És mégis volt erö,
és elszánt akarat.
Bálvány imádatbol,
keresni uj utat.

1989 január 24

267. VALAMI...

Valami fortélyosan megváltozott.
Valami mélységesen megváltozott.
A cél, az irány a régen volt szándék,
mintha valami ebböl is hiányoznék.

Ami hit volt más irányba tereltetett.
Ami áldozat volt önös érdekké lett.
Nem az önként vállalt az az igazi,
Hanem amit lapokban osztottak ki.

Mint rendelésre komponált zene,
melynek mesterkélt minden üteme.
Ami a hivö lelkek nagy opuszán,
Szétterült mint végtelen nagy oceán.

Valami megváltozott, mi régen hatott
Szépségesen szépálom megbukhatott.
Amikor Istent tagadott ember jogán,
miért feszül eszme, ha eszme csupán?

1986 junius 30

268. HOGY AZ…

Hogy az ember boldog legyen,
Önmagával kell, hogy menjen.
Mert más nyomába járva,
nem érik be boldogsága.

269. SZERELEM…

Megért boldogság
Minden percünk,
melyben szemedbe
nézek.
Csodás szépvirulás,
amikor ránk száll
a fény!
Hullámzó örömök
Rejtelmes láza,
Mikor átölel
Két karod.
Boldogság
Áldott varázsa,
Mikor Te is
Akarod!

270. ...nagyon régi IMA
kisgyermekkoromban imádkoztuk.

Én lefekszem én ágyamba
Mint egy testi koporsóba.
Kerülj-kerülj ébren fel úr Isten,
Nehéz álom el ne nyomjon
Az ellenség el ne nyerjen.
Égen menö szép madár
De nem madár szárnyas angyal.
Szárnyal a szent egyházban,
Szentegyházban igaz hit.
Igaz hitben boldog asszony.

Kelj fel-kelj fel Mária!
Megfogták a Te szent fiadat.
Dárdával dárdázták,
Tövisekkel koronázták.
Egy csepp vére elcseppent.
Az angyalok felszedték.
Krisztus elébe letették.
Mondja-mondja az Úr Isten :
Akiezt az imádságot,
Reggel-este elimátkozik,
Hétféle büne megbocsájtatik:

AMEN

271. NEMZETI FOHÁSZ !

Isten, mi kérünk, hozz ránk víg napot.
Mi szólunk hozzád, vérzö magyarok.

Isten, Te látod bününk, jellemünk
Tefeléd bátran néz a két szemünk.

Ne hagyd el népünk, bajba hogyha van.
Ezt kéri Töled sok millio magyar.

Száz rossznak álltunk ellent sok napon,
Védtük a neved, véres hajnalon.

Nincs nekünk senki, ki segit küzdenünk,
Tebenned bízunk édes Istenünk.

Oly szépen száll a hozsanna feléd.
Áld meg a magyart, mindig Téged véd.

1942 április 14

272. IGY VAN...

Mulló évek szálló percek
Elfelejtett bús emlékek
Jaj de sokszor megidéznek
Valamiért visszatérnek.

273. HALADÁS...

Ami tegnap jó volt,
Az ma már kevés;
Ami ma még elég,
Az holnap már semmiség.
És ez igy megy végig;
Mint véges végtelen.
Mig eltünik minden
A muló idöben.

1970

274. MÁR

Már hulló virágaim szirmait nézem.
Mi szint adott nékem azelött.
Rég elszállt édes illatukra,
Most ráboritom a szemfedöt.

Az ösz remeg most szememben,
Felém már röt avar integet,
Magányos órámban elnézem néha,
A tornyosuló sötét felleget.

Régen, még ifjú koromban,
Oly hosszunak láttam életem,
Most már elsárgult szirmommal,
Visszasirom régi mindenem.

1942.VI.9

275. KETTESBEN

Gyöngyfüzérre való apró kis motyogás,
melyböl soha semmi nagy,nemfakad.
De mégis megédesiti az elmulló,
Soha visszanemtérö boldog napokat !

276. CSODA CSÜNG...

Csoda csüng a csillagon!
Látod, én azt is tudom,
Hogy a csilllag miért ragyog,
Mert a szivem hagytam ott.

Nem mindeggy mit mutat a mérleg,
hitvány árút minek mérnek.

277. ELMERENGÉS

Egyedül vagyok az utca zajába,
Várom, hogy a véletlen meglátogat.
Megosztom vele a amagányt,
Nem tudom meddig várogat?

Várni oly nehéz, igy egyedül
Ülni és a semmibe nézni réveteg.
Körülöttem forog az élet zaja,
Annyi ember van, és nézeget.

Most elszaladt elöttem hiven,
A csekély kis életem pora.
Kesernyés íz számba fonnyad,
Mint öreg embernek kora.

Nem panaszra gondolok,
Vagy siró jaj szaván,
Csak úgy nézem mint más baját,
Ki töle, oly nagyon odavan.

A porba születtem, a sárba.
Fölém nem volt sejmes takaró,
Az ég védte rögös utjaim,
Minden percem kínos, zavaró!

Könnyü annak ki vígan él,
A gond nála nem igazi barát,
Csak úgy szürcsöli az életet,
Mint részeg a kocsma borát.

Mit tudjátok Ti mi az élet,
Nektek gondotok sohse volt,
Az életet csak az becsülheti
Kit igazán, nagyon megloholt.

Sokat vártam töle ezelött;
Álmaim voltak és vágyaim,
Ma már tudom mit reméljek,
Nem oly fájóak már kínjaim.

278. HARCTÉRI HARCOS KÖLTEMÉNYE

Mit küldjek majd én Neked,
A füstös, véres, harcterekröl?
Hej nemsokára én ott leszek,
Mit küldjek majd én Neked?

Küldök majd rózsaszin lapot,
hogy tudjad majd ha megkapod,
Ki irt remegve, azt Isten óvja.
A lövészárok bús lakója, még él és remél!

Küldök sok rózsaszin lapot,
Nem egyet, százat, tudhatod;
Ki irja mindig haza gondol,
Irom, ne sirj, most a fájdalomtól.

Legyen szived, s ne nyissa kapuját,
Fel soha búnak, ne higyj a hirnek,
Mert azok mind hazudnak, hazudnak,
És vissza várj, ó vissza, vissza.

Küldök sok rózsaszin lapot,
Ceruzával kapkodva irva,
De Te nézz csak a papirra.
Hanem hogyha majd olvasod,

Figyeld, valami súgja-e:

Hol irták ott járt a halál!
Mert lehet, hogy egy öszi alkonyattal,
Egy kicsiny rózsaszinü lappal,
A lelkem is a mennybe száll!

1917 április 11   Apám verse

279. SZEGÉNY ADY

Borzalmas volt a léted
Akiket támadtál
Azoktól jött a "béred".

Nyiltan nem merted
Kimondani vádad,
De a "disznófejü Nagyúr"
Mutatja imádat.

280. ARATNAK

A nap vérsebet üt az égen,
Hajnal szele borzolja a bús földeket,
Rajta ring az életet adó tenger
Harmat csillogtatja a búza szemeket.

Ember a sorsa, kasza a vállán
Fényes az érzpenge, a napba csillogó,
Kérges talpa nyomán a por felszáll,
Sastekintet szeme, ércen csillogó!

Aratásra készül;áldást arat.
Télreménye ül a k't szemébe benn.
Mint gyöztes vezér, legyözött felett,
Végig tekint szeme a földeken.

Hányszor nézett aggódó szemmel,
Mig megérte ezt a vig napot?
Izzadság csep arcán szánt végig,
Ki adna érte annyit, mint Ö adott?

Kenyér az élet, hófehér cipó,
Érte van sok minden, ádáz küzdelem,
Áldozatot kér a föld, zsarnok,
Nem gyül ám a csürbe könnyen élelem.

Felcseng az ének, tikkadt ajkakon
Lendül a kasza is izmos kar viszi
Boldog mámor fáradt vállakon,
Munka után jött áldás mily kicsi.

1942 szeptember 17

Az ember szemével lát, de szivével érez.

A Nap nem csak azért süt, hogy melegitsen hanem, hogy lássunk is.

281. HOGYHA...

Hogyha kedved fénnyel éget,
Ne keresd a holnapot.
Boldogságod sugárfénye,
Megszépiti bánatod.

Álmothajtó dús varázsban
Nagyon sok a kegyelem.
Valóság lesz majd az álom,
Ha nem gyöz le a félelem.

Indulj utra, vándor kedvvel,
keres rejtett utakat.
Amit senki nem látott még,
igy örizd meg titkodat.

Mikor kedved fénnyel éget,
ne keresd a lányeget.
Szépség talányos varázsa,
Megszépiti életed.

Hajnalfényböl ragyogásba,
Hogyha indulsz ne feledd:
Újvilágot teremteni
Csakis békében lehet.

Álmothajtó titkos vágyban,
nagyon sok a félelem.
Ám de mindent el nem érhetsz,
Hiszen nagy a végtelen.

Sok szeretettel jegyzé Apád
1990 augusztus

.

Der Tod verbirgt kein Geheimnis.Er eröffnet keine Tür. Er ist das Ende eines Menschen. Was von ihm überlebt, ist das, was er anderen Menschen gegeben hat, was in ihrer Errinnerung bleibt.

N. Elias

A halál nem öriz semmi titkot. Ö nem nyit meg semmi ajtót. Ö a vége egy embernek. Ami megmarad belöle, az az, amit más embereknek adott, és ami azoknak emlékezetében marad.

2018
HALÁSSZ GÁBOR
100 éve született, 1918
20 éve, hogy meghalt, 1998

MI EMLÉKEZÜNK
Felesége, lányai , vejei
unokái és dédunokái
és akik ismerték…